KB040664

김헌동의
# 부동산 대폭로
누가 집값을 끌어올렸나

정권, 관료, 재벌에게 날리는 경고장

# 김헌동의 부동산 대폭로, 누가 집값을 끌어올렸나

ⓒ김헌동·안진이, 2020

**초판 1쇄** 2020년 11월 23일 발행

**지은이** 김헌동·안진이
**펴낸이** 김성실
**책임편집** 김태현
**표지 디자인** 형태와내용사이
**본문 디자인** 형태와내용사이·채은아
**제작** 한영문화사

**펴낸곳** 시대의창      **등록** 제10-1756호(1999. 5. 11)
**주소** 03985 서울시 마포구 연희로 19-1
**전화** 02)335-6121    **팩스** 02)325-5607
**전자우편** sidaebooks@daum.net
**페이스북** www.facebook.com/sidaebooks
**트위터** @sidaebooks

ISBN 978-89-5940-751-4 (03320)

이 도서의 국립중앙도서관 출판시도서목록(CIP)은
서지정보유통지원시스템 홈페이지(http://seoji.nl.go.kr)와
국가자료공동목록시스템(http://www.nl.go.kr/kolisnet)에서 이용하실 수 있습니다.
(CIP제어번호: CIP2020046520)

# 김헌동의 부동산 대폭로

## 누가 집값을 끌어올렸나

김헌동·안진이 지음

정권, 관료, 재벌에게 날리는 경고장

시대의창

# 대폭로大暴露의 이유

2003년 12월, 거품이 더 커지고 있었다. 이대로 두면 위험할 것 같았다. 1999년에 2억 원이던 30평대 강남 아파트가 6억 원에 육박하고 있었다. 내가 확인한 분양가 거품의 크기와 발생 원인을 시민에게 알리려 2004년 2월 경제정의실천시민연합 활동가들과 함께 운동본부를 꾸렸다.

처음에는 기울어진 사회를 개혁하겠다는 노무현 정부를 외곽에서 도우면 아파트값 문제를 쉽게 해결할 수 있을 것이라 믿었다. 과거 1989년 노태우 정부도 불과 1년 반 만에 아파트값 폭등을 잠재웠으니, 내 형님 김태동 교수가 당시 몸담았던 경실련의 경험을 살리면 쉽게 할 수 있을 것으로 판단했다.

그러나 출발과 동시에 대통령이 탄핵되었다. 탄핵 정국 속에 총선이 다가왔다. 우리는 각 정당에 경실련의 정책을 제안했다. 각 정당은 우리 정책 중 분양원가 공개, 특히 공공의 분양원가 공개는 모두 약속했다.

## 처음엔 기대를 가지고 참여정부를 도왔다

2004년 4월 총선은 노무현 정부가 새로 만든 열린우리당이 152석을 차지하면서 과반수를 넘긴 다수당이 되었다. 시민들이 개혁의 기회와 의석을 확보해주었다. 그러나 두 달 후 대통령은 '분양원가 공개' 약속을 뒤집었다.

개혁 약속을 안 지키겠다는 신호로 느껴졌다. 민생은 무시하고 재벌을 위한 정부가 되겠다, 재벌부터 챙기겠다는.

재벌을 챙길 경제부총리를 임명했고, 총리실에서 재벌 요원과 정부 경제 부처 간부가 합동 근무를 시작했다. 경제정책은 재벌과 경기 부양에 초점을 맞추었다. 시민의 목소리는 무시했다.

2004년과 2005년 서울 아파트값은 우려한 대로 폭등했고, 서울 근접 지역 수도권 아파트값도 치솟았다. 신도시 개발로 경기를 부양하고 재벌과 공기업을 위한 일감만 늘렸다. 재벌이 직접 도시를 개발하는 특별법을 제정했고 '균형발전' 지방마다 신도시를 만들었다.

인천 송도 앞바다를 메우고, 서해안개발·남해안개발·동해안개발 특별법을 만들었다. 경제부총리는 골프장 230개를 5년 이내에 허가하여 "해외 골프로 유출되는 외화를 국내에서 사용토록 하겠다"라며 골프장 업자에 토지강제수용권을 부여했다. 재개발조합과 뉴타운조합에도 토지수용권을 부여했다.


## 무늬만 진보, 포장만 개혁 세력이었다

노무현 대통령과 청와대는 드높던 지지율이 20%대로 하락할 때까지 재벌만 바라보며 질주했다. 2006년 9월 야당 서울시장 오세훈의 후분양제·분양원가 공개·분양가상한제 등 '3종 세트' 도입 선언이 없었다면, 치솟던 아파트값을 막을 제도적 장치가 2007년 4월에 도입되지 않았을 것이다.

짝퉁 진보, 겉만 개혁 집단이 권력을 쥐고 부패한 관료와 재벌을 향하면 어떤 일이 벌어지는지 밝히고자 나는 2007년 형님과 함께 《문제는 부동산이야, 이 바보들아》라는 대화 형식의 책을 세상에 선보였다. 책을 많은 사람이 보지는 않더라도, 정치권력을 쥔 사람들만큼은 우리가 쓴 책을 읽어보기를 원했다.

이명박·박근혜 정부를 거쳤다. 이명박 정부 때는 우려와 달리 뛰던 집값이 강력한 분양원가 공개와 분양가상한제 도입으로 진정되었다. 2009년 보금자리주택 정책과 토지임대 건물분양 특별법 등의 도입으로 2010년에는 강남 서초에 평당 970만 원대, 건물만으로는 550만 원대에 아파트 분양이 시작되었다.

## 우려했던 이명박, 기대 이상으로 무난했다

이명박 이후 박근혜 정부 초기까지도 분양가상한제는 유지되고 있었다. 그런데 2014년 말 당시 야당 국토교통위원회 위원장 박기춘과 여야 상임위원회 합의, 여야 원내대표 합의로 분양가상한제 폐지를 포함한 '부동산 3법'이 국회를 통과하여 2007년 이후 7년 만에 서민들을 위한 법은 사라졌다.

2015년 아파트값이 꿈틀댔고, 2016년 대통령을 국회가 탄핵했고, 2017년 대통령은 파면되었다. 그러나 이미 고장 난 공급 시스템으로 인해 아파트값과 분양가는 치솟고 있었다.

## 문재인 정부 출범 초기부터 투기 세력은 움직였다

문재인 정부 들어서 진행된 '도시재생 뉴딜사업'과 '주택임대사업자 등록 특혜'라는 두 정책 탓에 투기가 성행했다. 당연히 신고해야 할 주택임대업에 세금 특혜를 주고 대출 80%를 허용해 투기를 조장했다. 문재인 정부가 의도적으로 집값 상승을 유도하는 정책을 사용한 것이다.

5년간 매년 10조씩 50조를 투입하는 '도시재생 뉴딜사업'은 세계적으로도 유례가 없다. 집 없는 사람들이 낸 세금으로 투기꾼들의 집을 새로 지어주겠다는 사업이니 말이다.

문재인 대통령은 취임사에서 '소득주도성장'과 공정·평등·정의를 내세웠다. 출범 직후 "부동산 투기를 근절한다"라고 말했다. 2017년 8월 청와대 수석과 국토교통부 장관 등은 "내년 4월까지 집 팔 시간을 주겠다. 집을 팔아라!"라고 입으로는 말했다. 그러나 임대업자 세금 특혜와 대출 특혜 등의 정책을 남발하면서 '투기의 꽃길'을 열어주었다.

2017년 여름, 나는 문재인 정부에 경고했다. 조작된 공시가격 문제와 임대업자(투기꾼)의 주택 사재기 현상 등의 문제를 알렸다. 그리고 공기업과 재벌이 터무니없이 높은 분양가로 시민에게 바가지를 씌우는 문제를 지적하며 대안을 제시했다. 그러나 오히려 문재인 정부는 투기를 자극하는 정책을 폈다.

서울 아파트값은 2018년 30%, 2019년 말에는 40%까지 폭등했다 문재인 정부 출범 이후 강남과 강북 모두 아파트값은 상승했다

## 관료가 통계를 조작하고 대통령과 국민을 속였다

상황이 이렇게 심각한데, 문재인 대통령은 2019년 11월 19일 〈국민과의 대화, 국민이 묻는다〉에서 "전국적으로는 부동산 가격이 오히려 하락했을 정도로 안정화되고 있다", "부동산만큼은 자신 있다"라고 발언했다. 그걸 듣고 대통령을 속이는 세력이 있음을 알았다. 청와대 내부 그리고 관련 부처가 대통령에게 조작된 통계를 보고하고 있다는 판단을 했다.

대통령 발언 직후 경실련의 분석 결과인 "문재인 정부 출범 후 30개월 중 26개월 동안 서울 아파트값이 상승했고, 평균 4억 원, 강남권은 6억 원이며 서울 아파트값은 30개월 동안 40% 올랐다"를 발표했다. 그리고 청와대 참모들이 보유한 아파트값 역시 40% 올랐고, 청와대 수석 참모 37%가 다주택자임을 알렸다.

그런데 정부는 출범 이래 서울 아파트값이 고작 14% 올랐다고 해명했다. 경실련은 정부에 근거 자료 공개를 요구했다. 정부는 "통계법상 공개할 수 없다"라며 거부했다. 서울 아파트값이 50% 넘게 올랐다는 경실련과 여러 민간 단체의 통계 분석을 청와대는 제대로 확인조차 하지 않고 버틴다. 계속 국민을 속이는 것이다.

## 아직도 14%라는 문재인 정부, 우리 계산은 52%였다

경실련의 분석 결과로 보면 서울 집값은 34%, 아파트값은 52% 상승한 게 분명했다. 우리가 조사한 자료는 실제 거래된 가격과 시세를 근거로 했다. 정부 자료는 근거를 공개하지 못하는 걸로 보아 설득력이 없는 수준임이 분명하다. 더 큰 문제는 정부가 23번 대책을 발표할 때마다 14.2%라는 조작된 통계를 근거로 정책을 생산하고 결정했다는 데에 있다.

국토부(산하 한국감정원) 지수 자체가 현실과 동떨어지고, 설령 그 통계를 따르더라도 '14.2%'라는 수치는 대중에게 설명 불가능한 것이다. 정부 통계에 사용된 아파트 이름이나 적용 시세를 공개하라고 정보공개청구 등을 포함해 공식 서면 질의를 했으나, 정부는 공개를 거부했다. 경실련은 20대 국회의원, 서울 구청장, 서울 시의원, 21대 국회의원, 청와대와 행정부 공직자 등이 보유한 아파트값 시세변동을 2017년 5월 문재인 정부 출범 시점과 비교하여 발표했다. 상승률은 어떤 경우든지 40%를 넘었고, 서울 지역에 해당하는 경우에는 50% 이상으로 나타났다.

## 국민 재산 80%가 부동산, 불로소득 2000조 원 발생, 불평등과 격차는 더 심화되었다

문재인 정부 출범 이후 나온 부동산 대책은 23차례에 달한다. 경실련 분석 결과 서울 아파트값 상승액은 약 510조 원, 서울 부동산만 1000조 원, 전국 땅값은 2000조 원 이상 올랐다. 근로소득이 아닌 불로소득을 발생시켜 부의 양극화를 더 심화시켰다. 문재인 정부는 '소득주도성장'을 앞세웠지만, 오히려 '불로소득주도성장'에 의한 불평등과 빈부 격차 심화를 초래하고 말았다.

정부는 자신들의 부동산 대책을 "투기는 근절하고, 실수요는 보호"하는 것이라고 말한다. 2020년에도 "집값만은 반드시 잡겠다"라고 대통령은 약속했다. 주거 안정이란 무엇인가? 집값이 "취임 이전 수준으로 돌아간다". 대통령의 발언이었다.

그러나 시민들은 문재인 정부 부동산정책을 '노무현 정부 2기'라고 말한다. 노무현 정부가 임기 5년 동안 30번의 대책을 발표했지만, 오히려 강남 등의 집값만 끌어올렸던 행적을 이 정부가 따라가고 있는 꼴이다.

## 집값 상승 책임을 과거 정부와 시민 탓으로 돌린다

2020년 7월에도 김현미 장관은 '전 정권 탓'을 하면서 박근혜 정권이 규제를 풀어서 서울 집값이 올랐다고 '잠꼬대' 같은 말을 했다. 실제 상황을 파악하지 못하고 있음을 알 수 있다. 2020년 6월 이후 또 집값이 폭등하자 6.17대책, 7.10대책, 8.4대책을 발표했다. 그리고는 서울 집값이 치솟는 게 야당 탓이고 시민 탓이라며 책임을 미뤘다.

2020년 7월에 정부는 임대차 3법도 통과시켰다. 그러나 최근 전셋값 상승은 계속 이어지고 있다. 집값과 전셋값 등 임대료가 동반 상승하면 심각한 문제가 예상된다. 최근 전세가 상승은 전적으로 현 정부의 무능 탓이다. 문재인 정부가 3년 동안 집값을 가파르게 올려놓아 뒤이어 전세가가 상승하고 있는데, 임대차 3법을 어설픈 상태로 통과시켜 상황을 더 악화시키고 말았다.

2020년 8월 "집값이 안정되고 있다"라는 대통령의 수석회의 발언은 놀라웠다. 또 누군가 써준 그대로를 읽는 모습이 TV 화면에 노출되었다. 2019년 11월 19일 발언을 보면 대통령은 실상을 몰랐음이 확인된다. 이렇듯 대통령을 속이고 국민을 속인 자들이 만든 정책 대책이 효과가 있겠는가?

부동산정책을 결정하는 고위 공직자는 50명쯤이다. 최종 결정은 10여 명이 한다. 이들 가운데 지난 3년 동안 누가 정책을 결정했나?

김현미 장관, 국토부 관료 3명쯤, 홍남기 장관과 기재부 2명, 청와대 정책실장, 경제수석, 국토부 파견 비서관과 행정관 등이다. 여당의 원내대표와 정책위 등 당에서도 5~6명 참여한다. 대통령이 관심을 보일 경우에만 여당과 정부, 청와대 인원이 약간 더 늘어난다.

### 문재인 정부에는 "잘못했소" 하는 사람, "책임지겠다"는 사람이 단 한 명도 없다

서울 아파트값이 52% 폭등했지만 아직 대통령은 상황 인식을 제대로 못 하고 있다. 대통령과 여당 지지율이 7월과 8월 하락했다. 국민이 느끼는 분노는 심각하다. 문재인 정부의 "집을 팔아라", "절대 부동산값 오르지 않게 하겠다"라는 말만 믿고 3년을 기다렸던 사람들, 촛불을 들어 전 대통령을 내쫓았던 사람들이 더 분노하고 있다.

### 이 책을 쓴 이유는 아직 가능성이 있기 때문이다

정부가 내놓아야 할 정책에는 ▲지난 5년 분양원가 자료 공개, 민간 분양원가 공개 ▲분양가상한제 위반 공기업 조사, 민간 분양가상한제 전국 전면 시행, 후분양제 전면 도입 ▲공시가격 내년도 2배 인상 즉시 현실화 ▲고위 공직자 자산을 시세대로 신고 의무화 ▲코로나 등 경제위기 상황에 따른 무주택 서민과 약자를 위한 주거급여 대폭 인상과 지급 대상 확대 ▲공공의 택지 매각 금지와 공공보유 토지에서는 건물만 분양 ▲법인의 부동산 보유세 세율을 개인 수준으로 상향 조정 ▲법인의 부동산 양도세 세율을 개인과 같이 50% 세율 적용 ▲3주택 이상 보유자 대출 회수 등이 있다. 부동산정책의 방향이 무주택 서민과 청년을 향해야 한다.

그러나 지금까지 3년 6개월이 지나도록 문재인 정부는 재벌과 공기업과 토건 기업이 반대할 정책은 도입하지 않았고, 앞으로 도입할 가능성마저 거의 없어 보인다. 대통령과 여당 지지율이 더 하락하여 바닥으로 떨어져야 제대로 된 대책을 제시할 것인가!

나는 책을 통해 그들의 가면을 벗기고, 그들의 실태를 밝힐 것이다. 앞으로 나와 우리 시민들이 함께 나서서 해야 할 일들을 이 책으로 알리고자 한다.

2020년 11월

김헌동

차례

# 1부 문재인 정부 3년, 서울 아파트값 52% 올려놓다

## : 투기 세력 양성하고 불로소득주도성장에 나서다

누가 망국병인 부동산 투기를 조장하나? · 정권 시작과 함께 '투기의 꽃길'이 열렸다 · 말 따로 행동 따로 · 재벌 부동산 최고세율 0.7%, 주택임대사업자 종부세 0원. 그러나 개인은 3~6%로 높였다 · '소득주도성장'이라고 외치고 '불로소득주도성장'이라고 읽었다 · 대한민국 국회는 재벌과 건설업자 편이다 · 건설 경기 부양을 위한 수백조 원 동원과 예타 면제, 역대급 친재벌 친토건 정권 · 투기꾼들을 위한 '신규 공급', 이런 식으로는 3기 신도시도 실패한다 · 조작된 통계만 보고 받은 대통령 · 시민들의 분노는 당연하다

(2003~2007) · 그때나 지금이나, '공급확대론자'는 건재하다(2000~2020) · 실행이 빨랐던 오세훈, 관료에게 속은 박원순(2006~2020) · '3박 동맹'의 무작정 규제 완화와 부동산 3법(2013~2016) · 김현미와 국토부: 정책을 만드는 사람들(2017~2020) · '부동산은 끝났다'라던 김수현, 지금 뭐 하나?(2003~2020)

# 4부 집값 낮추기, 쉽다!
## : 김헌동이 제안하는 주거 문제 해결의 뚜렷한 대안

거품을 빨리 빼내야 건강하게 살 수 있다 · 대통령의 의지만 강하면 집값 잡기는 쉽다 · 대통령과 광역단체장들이여, '3대 권력'(토지수용권, 용도변경권, 독점개발권)을 국민 위해 써라 · 이명박은 60점, 노무현은 20점인 이유 · 30평대 아파트, 서울에서 2억 이내로 당장 공급 가능하다 · 40년 된 강남 아파트, 재개발·재건축 그만하고 이대로 100년 더 쓰자 · 공공은 건물만 분양해라 · 반값, 반의반값 아파트가 진짜 가능할까? · 반값 새 아파트가 계속 공급되면 다주택자의 버티기도 불가능하다 · 무주택자, 전월세 세입자, 청년부터 제대로 챙겨라 · 청약제도, 50대 무주택자에게 우선권을 · 집값을 잡아야 전월세도 잡힌다 · 특혜 대출을 없애고 3주택 이상 대출은 조속히 회수해야 · 국토부를 해체하자: LH공사는 보건복지부의 '주택청'으로, 국토 계획은 환경부의 '국토국'에서 · '분양가상한제'는 국민에게 이익이다 · 부동산이 너무 많으면 이익보다 손실이 크다는 계산이 나오도록 해야 · 정책은 사람의 가슴과 머리에서 나온다

나가는 글

**권력자들에게 속지 않으려면** 안진이 269

1부에서는 문재인 정부 3년 동안 어떤 과정을 거쳐 집값이 폭등했는지 구체적으로 살펴본다.

정부 출범과 함께 '투기의 꽃길'이 활짝 열렸다. 주택임대사업자 특혜로 50만 투기 세력이 생겨났고, 이대로 가면 임기 내내 '불로소득주도성장'이 계속될 것 같다. 건설 경기 부양을 위한 3기 신도시, 한국형 뉴딜, 도시재생 뉴딜 등에 수백조가 몰리고 예비타당성조사 면제가 오늘도 이어진다. 능력이 부족해 집값을 못 잡는 게 아니다. 정부가 의도적으로 집값을 올리는 것이다.

내막을 들여다보면 문재인 정부는 '역대급' 친재벌 친토건 정부다. 그 결과 국민 대다수가 부동산 거품으로 고통받고 있다. 하지만 대통령과 국회의원, 고위 관료는 여전히 상황을 파악하지 못하거나 모르는 척한다. 촛불을 들었던 시민들의 분노에는 이유가 있다.

# 1부

## 문재인 정부 3년, 서울 아파트값 52% 올려놓다

### 투기 세력 양성하고 불로소득주도성장에 나서다

<u>안진이</u>　안녕하세요. 시민단체 〈더불어삶〉의 대표 안진이입니다. 〈더불어삶〉 회원은 대부분이 생업에 종사하는 사람들로 주말에 모여서 시사 현안에 관해 함께 공부합니다. 노동현장에 계신 분들을 초빙해서 간담회를 열기도 하고요. 현 정부 들어서 집값이 폭등한 후부터는 주거권에도 관심을 가지고 활동했습니다. 그러다 지난해 5월에 김헌동 본부장님을 모시고 시민강좌를 열었습니다. 그날 반응이 너무 좋기도 했고 여러 가지로 인상적이어서 또 찾아뵙고 이렇게 인터뷰까지 하게 되었습니다.

<u>김헌동</u>　안녕하세요. 경제정의실천시민연합(경실련) 부동산본부장 김헌동입니다. 1996년 삼풍백화점이 무너지는 것을 보면서 "건설 제도와 정책을 바로잡자"라는 생각을 하게 되었습니다. 시민운동 직

접 참여의 계기가 되었지요. 20년 동안 쌍용건설에서 재직하면서 국가 예산의 40%를 차지하던 사회간접자본SOC 사업에서 사업비 거품으로 낭비되는 많은 예산을 목격했습니다. 그래서 1999년에 공공공사 입찰제도 개혁을 요구하는 국책사업감시운동을 통해 경실련 활동을 시작했습니다. 2004년에 너무 오른 아파트값에 주목하고 〈아파트값거품빼기운동본부〉를 구성하여 부동산 문제에 주력하게 되었습니다. 3년이 지난 2007년에 경실련이 제안한 정책들이 법에 반영됐어요. 그래서 2014년까지 활동을 하다가 집값이 좀 안정됐다 싶어서 활동을 멈췄습니다.

그러다 문재인 정부가 들어선 후로 아파트값이 폭등하는 상황을 지켜보고 도저히 안 되겠다 싶어서 2019년 1월부터 다시 경실련에서 〈부동산건설개혁운동본부〉를 구성하여 활동하고 있습니다. 정부가 어떤 잘못된 정책을 펴고 있는지, 어떤 정책을 사용하면 효과가 있는지를 시민에게 직접 알리는 운동입니다. 문제를 짚고, 그에 대한 근거를 제시하고, 이를 해결할 대안까지 제시해나갑니다.


**누가 망국병인 부동산 투기를 조장하나?** ————

아지이    본부장님께서는 2007년에 《문제는 부동산이야, 이 바보들아》라는 책을 내셨습니다. 형님이신 김태동 선생님(현재 성균관대 명예교수)과 대담하는 형식으로 만들어진 책이었지요. 책에서 두 분은 2007년의 집값을 거품으로 규정하고 그게 왜 거품인지 근거를 조목조목 제시하셨습니다.

그런데 2020년에 다시 저와 함께 출판을 위한 대담을 하고 계시고, 또다시 집값 폭등에 대해 이야기하게 되셨습니다. 문재인 정부의 23번째 부동산 대책이 발표된 상황인데, 언론 보도를 보나 댓글을 보나 정부가 대책만 수십 번 내놓고 집값을 잡지는 못할 것이라는 견해가 지배적입니다. 10여 년이 지나, 다시 부동산 대담을 하게 된 심정이 어떠신지요?

**김헌동**  저는 2004년부터 현장에서 시민운동을 했고, 제 형님은 당시 공직에 계시면서 부동산 거품에 대한 문제를 지적하고 대안을 제시하셨지요. 2007년 정초부터 5~6개월 동안 '형제 대화'를 진행했습니다. '다시는 이런 불행한 사태가 발생하지 않도록 대안을 제시해보자'라는 마음이었지요. 2007년 당시 저와 경실련이 대안으로 제시했던 정책들이 받아들여져서 서울시에서 추진되었고, 정부 여당이 2007년 초에 법으로 만들기 시작했고, 대화가 끝나갈 무렵에 법이 국회를 통과했습니다.

형제 대화를 시작하기 직전이던 2006년 9월 야당 서울시장이

김헌동의 부동산 대폭로, 누가 집값을 끌어올렸나

'3종 세트'를 받아들였고, 여당에서는 부동산특위가 만들어지고, 특위위원장(이미경 의원)을 통해 한명숙 총리와 청와대까지 설득하고, 국회의 여야 국토교통위원회(국토위) 상임위원들을 설득했습니다. 그런 과정을 거쳐 어렵게 주택법 등을 개정해서 분양원가 공개와 분양가상한제 그리고 토지임대 건물 분양(건물만 분양하고 토지는 장기임대)과 환매조건부 주택(공공이 분양하고 매각할 경우 적정이율로 공공에만 하도록 함) 등 관련 법들이 개정되었습니다. 꼬박 3년 동안 시민운동가 10여 명이 힘을 집중하고 노력해서 집값 문제를 언론을 통해 쟁점화해 법과 제도를 겨우 바꿨습니다. 가히 시민들의 노력으로 이룬 성과라고 생각합니다.

그 후 부동산 투기가 다시 생기지 말라고, 다음 대통령은 시민들이 만든 법·제도를 잘 지켜달라고 책을 썼던 겁니다. 책을 읽었는지 안 읽었는지 몰라도 이명박 대통령은 60점 정도는 했습니다. 물론 더 잘했으면 좋았겠지만 그나마 다행이었습니다.

평당 900만 원에도 강남 타워팰리스가 미분양되던 1999년에 김대중 정부는 분양가상한제를 풀었고, 2003년 노무현 전 대통령이 취임할 무렵에는 강남 아파트값이 평당 1300만 원까지 올랐습니다. 2억짜리가 4억으로, 거의 2배로 뛴 거지요. 그런데 노 전 대통령 취임 당시 4억 원 하던 강남 아파트가 2007년 임기를 마칠 무렵에는 14억 원이 됐습니다. 3.5배가 올랐어요. 반면 이명박 정부 5년 동안

1부 문재인 정부 3년, 서울 아파트값 52% 올려놓다

은 집값이 하락했어요. 이명박 임기가 끝나고 박근혜가 대통령이 될 무렵엔 11억 원으로 떨어졌습니다. 사람들은 이명박 정권 초기의 금융위기 덕분이라 말합니다만, 금융위기 영향은 6개월 정도였을 뿐 그리 오래가지는 않았습니다. 이명박 임기 말 강남 아파트는 11억이었고, 박근혜 정부는 5년간 끙끙대면서 13억을 만들었습니다. 그래도 노무현 정부만큼 올리지 못했어요. 그 13억을 넘겨받은 문재인 정부는 지금 22억을 만들었어요.

다시 이런 시민운동을 하고 책을 쓴다는 것은 불행한 일입니다. 그러나 부동산 투기로 인한 불필요한 위기로 청년과 저소득층 사회적 약자 등 99% 시민과 후손이 다시는 고통을 당하지 않도록 빨리 진실을 알려야겠다는 생각이 제게는 지금 가득합니다.

○안진이○  22억. 엄청난 액수입니다. 어떤 아파트를 예로 드신 건가요?

●김헌동●  주호영 의원이 2003년 매입, 2013년에 매각했다는 강남 은마아파트의 경우입니다. 또 차기 대권 선두 주자라는 이낙연 의원이 총선 출마 전에 매각한 강남 서초구 잠원동 동아아파트의 경우도 그렇습니다.

## 이낙연의 아파트

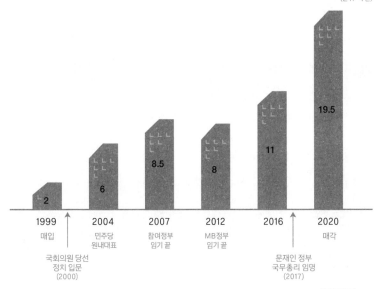

(단위: 억 원)

| 1999 | 2004 | 2007 | 2012 | 2016 | 2020 |
|------|------|------|------|------|------|
| 2 | 6 | 8.5 | 8 | 11 | 19.5 |
| 매입 | 민주당<br>원내대표 | 참여정부<br>임기 끝 | MB정부<br>임기 끝 | | 매각 |

국회의원 당선
정치 입문
(2000)

문재인 정부
국무총리 임명
(2017)

•KB시세 기준

이낙연은 기자 생활을 하던 1999년에 2억 원을 주고 서초구 잠원동 동아
아파트를 매입했다. 이 아파트는 2016년에 11억 원 정도였는데, 이낙연이
총리로 임명되고 나서 값이 급격히 상승해 2019년에는 18억 원을 넘겼다.
2020년 2월 그는 19억 5000만 원에 아파트를 매각했다. 당시 호가는 22억
원까지 올라가 있었다. 이낙연 의원은 20년 동안 정치를 하면서 자기 집값을
20억 올려놓은 것 아니냐는 소리를 들어도 할 말이 없을 것이다.

문재인 정부는 부동산 가격을 잡겠다고 했다. 그런데 총리였던 이낙연은 강남
아파트를 팔지 않고 버티면서 3년 동안 무려 7억이 넘는 시세 차익을 올렸다.
그의 아파트가 폭등할 동안 문재인 정부를 믿고 집을 사지 않은 사람들이나
형편이 안 되어서 집을 사지 못한 사람들은 가족 구성원에게 굉장히 미안해
해야 하는 곤란한 입장이 돼버렸다.

안진이 이명박 정부 시기에 아파트값이 하락한 것은 팩트입니다. 그리고 박근혜 정부는 대출 규제를 풀고 분양가상한제도 폐지해 하락하던 아파트값을 어느 정도 올려놓았다고 이해하면 되겠지요? 그런데 문재인 정부 출범 이후 3년 동안은 서울 아파트값이 그야말로 무섭게 상승했습니다.

김헌동 문재인 대통령은 2017년 5월에 당선됐지요. 그런데 2017년 2월 즈음부터 살펴보니 문재인 캠프에서 주택이나 부동산 공약을 만드는 사람들 다수가 노무현 정부 5년 동안 집값을 올려놓은 사람들이더라고요. 그들이 부동산 공약을 만지작거리고 있기에 '아, 문재인 후보가 당선되면 또 집값이 오르겠구나' 했어요. 아니나 다를까, 노무현 정부 집값 상승의 1등 '공신'이고 박원순 서울시장과 함께 서울 집값을 상승시킨 책임이 있는 김수현을 청와대 사회수석으로 임명하더군요. 그걸 보고 '큰일 났구나, 저 사람이 또 관료한테 이용당해서 집값 불안을 야기하겠구나' 싶어서 계속 주시했습니다. 예상한대로 집값이 폭등했고, 결국 저도 다시 시민운동가로 돌아왔습니다.

2019년 1월부터 지금까지 1년 6개월 동안 경실련에서 활동하면서 부동산 문제가 얼마나 심각한지 그리고 무엇이 잘못됐는지를 꾸준히 알렸습니다. 기자회견만 40회 넘게 했습니다.

노무현 정부 때 대통령을 속였던 청와대 참모와 국토교통부(국토부) 간부 들, 그들이 지금도 그대로 있습니다. 노무현 정부 때 과장이 었던 사람이 지금은 차관급 정도로 올라가서 중요한 주택정책들을 총괄하고 있어요. 그들이 청와대와 장관, 대통령과 언론에 거짓 보고를 하고 있다는 사실을 알리고 있습니다. 지난 3년간 서울 아파트 값이 50% 이상 올랐는데 그들은 작년에는 10% 올랐다더니 지금은 14%라고 해요. 전국적으로는 20% 가까이 올랐는데 4% 올랐다고 하고.

　　이런 가짜 보고서와 가짜 통계를 만들어내고 대통령과 국민을 속이는 행태를 드러내기 위해 지금 이 대담을 하는 것이고 책을 내려는 겁니다. 다음 대통령이 될 사람이 또 관료와 참모 들에게 속지 않도록, 언론의 가짜 뉴스에 휘둘리지 않도록. 우리 사회의 이른바 지식인이라는 사람들이 관료들과 야합해서 대통령과 국민을 속이고 우롱하고 있다는 사실을 알리기 위해서 말입니다.

　　다시 이런 책을 내야 하는 상황이 온 것이 좋은 일이 아닙니다. 유쾌한 일은 아니지만 필요하다면 해야지요. 이 책과 10여 년 전에 발간된 책에 있는 내용과 대안은 기본적으로 다르지 않습니다. 다만 이번에는 조금 더 구체적으로 누가 어떻게 대통령과 국민을 속이고 수치를 조작하면서 나라를 망치는지를 많이 알리고자 합니다.

## 정권별 전국-서울 아파트 중위가격 변화 비교

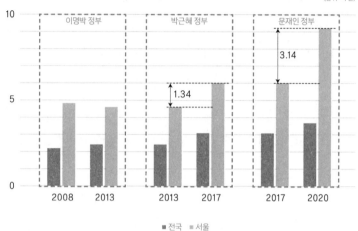

(단위: 억 원)

■ 전국  ■ 서울

〈해설〉 **문재인 정부 3년간 서울 아파트 중위가격 3억 원 넘게 상승!**

경실련의 발표에 따르면 문재인 정부 3년(2017년 5월~2020년 5월)간 서울 아파트 중위가격은 한 채당 3억 1400만 원(52%) 상승했다. 강남 아파트만 놓고 보면 중위가격이 6억 원 넘게 상승했다. 예컨대 송파구 리센츠아파트는 2017년 5월 기준 최고가가 12억 5000만 원이었던 것이 2020년 6월에는 최고가가 21억 원으로 훌쩍 뛰었다.

강남의 고가 아파트값만 폭등한 것이 아니다. 수도권 전체에서 투기가 일어나 집값이 상승하고 비도심권의 아파트값까지 '키 맞추기'를 하면서 골고루 다 올

## 포털 사이트 집값 상승률 관련 댓글 재구성

놓고있네

3년간 14% 올랐는데 부동산정책 23번 내냐???

ㄴ ABC

0.61% 오를 때마다 대책 세운거 ㅋㅋㅋㅋㅋㅋ

---

hdk

장난하나요
2억하던 게 지금 육억이야

---

미래세대

14%가 말이 됩니까? 50% 넘게 올랐거든요~~~

---

한경못

한번도 경험해보지 못한 나라ㅋㅋㅋ
감사합니다 18

---

AJ2

4억 8천 하던 아파트가 11억 넘었다.
이게 현실이다.

---

월급쟁이

14%면 개가 웃겠네... 집값은 유례없이 올랐고 나같은 월급쟁이들은 모두가 꿈꾸는 내집마련 꿈
도 못 꾸게 생겼다.
진짜 너무 살기가 힘들다. 도대체 서민의 기준이 뭐냐

---

랐다. 서민들의 내 집 마련은 점점 더 멀어지고 있다. 길 가는 사람 아무나 붙잡

고 물어봐도 다 아는 사실이다. 그런데도 정부는 정책 실패는 둘째치고 집값 폭

등 사실 자체를 인정하지 않는다. 경실련의 발표에 대해 국토부는 '문재인 정부

출범 이후 집값 상승률은 14%'라고 반박했다. 14%. 통계의 마법인가, 뻔뻔한

거짓말인가? 포털 사이트의 집값 상승률 관련 기사에 댓글이 줄줄이 달렸다.

⬭안진이⬭ 스스로 촛불 정부라고 했고 집권 3년이 넘었는데 실제로 적폐 청산을 했다거나 개혁한 것을 찾아보기가 힘듭니다. 실패가 가장 명백하게 드러나는 영역이 부동산정책이고요. 이제부터 문재인 정부의 부동산정책이 어디서부터 어떻게 잘못됐는지, 취임 때부터 현재까지 되짚어보겠습니다. 전 정권인 박근혜 정부 하반기에 집값이 이미 비정상적으로 상승한 상태였지요? 그러면 문재인 정부 출범 직전과 직후에 집값이 가파르게 상승한 원인은 무엇인가요?

## 정권 시작과 함께 '투기의 꽃길'이 열렸다 ─────────

⬭김헌동⬭ 정권 출범 전의 투기는 2014년 말에 국회가 부동산 3법을 통과시키면서 시작되었습니다. 강남 재건축 중심으로 상승세가 나타나고 있었어요. 부동산 3법에 관해서는 MBC의 〈스트레이트〉라는 시사 프로그램에서 다뤘는데(2020년 7월 27일자 방송), 우리도 뒤에 자세히 이야기하기로 하지요.

문재인 정부가 출범하자마자 제일 먼저 집값이 오른 곳들 중 하나가 홍은동입니다. 홍은동은 문 대통령이 살던 동네지요. 그 동네 집값이 3억인데 전세가가 2억 5000만 원이었어요. 대통령 공약 1호가 도시재생 뉴딜사업이었잖아요. 1년에 10조씩 국민 세금을 투입해 헌 집을 부수고 새 집을 국가가 지어주겠다는 겁니다. 그 집을 누가 사러 갔느냐, 재개발 예정 지역에 '강남 투자자'들이 2000만 원에서 3000만 원씩 들고 몰려갔어요. 2억이면 5채씩 살 수도 있었기 때문에 집을 막 사들였습니다. 갭투자에 불이 붙었어요. 도시재생 뉴딜사업에 대한 기대로 2017년 5, 6월을 거치면서 강북의 다세대주택, 빌라, 저층 아파트 등의 가격이 급상승합니다.

취임 첫해에는 서울에 '도시재생 뉴딜' 지역을 한 군데도 지정하지 못했습니다. 그런데 강북 '낙후 지역'의 집값 급등으로 강남에 아파트를 가진 사람들이 자극을 받았다고 해요. 강북 집값이 20~30% 뛰더니 강남으로도 투기가 번져나갔어요. 당장 재건축 아파트 분양 가격이 뛰고, 인근의 재건축 예정 아파트 가격이 또 뛰고, 기존 아파트도 덩달아 올랐어요. 전반적으로 집값이 오를 거라는 분위기가 형성됐습니다. 강남 전체가 들썩였고요. 노무현 정부에서 강남 집값을 잡겠다고 하면서 끌어올렸던 이들이 문재인 정부의 청와대 참모가 되는 걸 보면서 '무조건 오르겠구나' 생각했겠지요. 노무현 정부가 보였을 겁니다.

그들이 첫 번째로 내놓은 대책이 2017년 6.19대책과 8.2대책이었습니다.

〈참고〉 **문재인 대통령 취임 초기 정부 주요 인사의 부동산 관련 발언 모음**

"부동산 투기를 용납할 수 없다는 정부 의지가 확고하다."

– 김동연 경제부총리, 인사청문회 발언

"부동산 가격을 잡아주면 피자 한 판씩 쏘겠다."

– 문재인 대통령, 2017년 7월 27일 기재부 장관 등 고위 관료들에게

"내년 봄 이사철까지 팔 기회를 드리겠다는 의미."

– 김수현 청와대 사회수석

"오를 기미가 보인다면 정부는 더 강력한 대책도 주머니 속에."

– 문재인 대통령, 2017. 8. 17.

"정부는 집을 거주 공간이 아니라 투기 수단으로 전락시키는 일은 용납하지 않겠습니다."

– 김현미 국토부 장관, 2017. 8. 2.

(8.2대책에 대해) "집을 많이 가진 사람들이 좀 불편하게 되는 것.", "정부가 내년 4월까지 시간을 드렸고, 자기가 사는 게 아닌 집은 파시는 게 좋을 것."

– 김현미 국토부 장관, 2017. 8. 5.

김헌동의 부동산 대폭로, 누가 집값을 끌어올렸나

안진이　6.19대책은 조정대상지역을 추가로 지정하고 LTV담보인

정비율, DTI총부채상환비율 규제를 강화하는 내용이었지요. 과열 지역의

투기 억제에 초점을 맞춘 정책이었는데 투기는 더 극성을 부렸고, 정

부는 두 달도 지나지 않아 다시 8.2대책을 내놓습니다. 8.2대책의 내

용은 다주택자 양도소득세 중과, 투기지역과 투기과열지구 지정, 재

건축·재개발 규제 정비 등입니다. 그런데 다주택자 양도소득세 중과

를 발표하면서 또 한편으로는 주택임대사업자 등록을 하면 중과하

지 않겠다고 했어요.


김헌동　문재인 정부가 발표한 6.19대책과 8.2대책 등은 투기의

꽃길을 열어주었습니다. 임대사업자 혜택은 박근혜 정부 때 확대됐

는데 문재인 정부가 추가 혜택을 주고 일몰도 연장했지요. 그리고 다

주택자는 임대사업자로 등록해서 세금 특혜를 받으라는 취지로 대

대적인 홍보를 합니다.

　그 결과 투기의 꽃길이 활짝 열리고, 투기꾼들이 전국 아파트를

쇼핑하듯 사재기하는 일이 벌어졌어요. 대출 한도도 집을 한 채 사

는 사람은 집값의 40%로 묶어놓았는데 두 채 이상 심지어 수백 채

를 사는 임대사업자에게는 80%까지 늘려줬어요. 강남에 15억 원짜

리 집 한 채를 가지면 400만 원에서 500만 원 정도 보유세를 내지

만 주택 100여 채를 가진 사람이 임대사업자로 등록하면 세금을 하

푼도 안 내다시피 했습니다. 그러니 어떻게 됐겠어요? 회사원들까지 너도나도 주택임대사업자 등록을 한다고 나서서 다주택자가 됐어요. 그게 문재인 정부 핵심 정책이고 부동산 대책이었습니다. 그러면서도 국토부 장관은 집을 여러 채 가진 사람은 팔라고 말했어요. 집은 사는(buy) 것이 아니고 사는(live) 것이라느니, 거주하는 집만 남기고 다 팔라느니 했지요. 김수현 당시 사회수석도 "내년 4월까지 팔 기회를 드리겠다"라는 발언을 했습니다.

　문재인 정부는 말과 행동이 정반대였던 셈입니다. 장관의 발언과 정반대인 정책을 썼어요. 사실은 주택을 임대해서 전세보증금이나 월세를 받는 사람들은 당연히 임대사업자 등록을 했어야 합니다. 말하자면 이제껏 '무면허 운전'을 했던 겁니다. 당연히 해야 하는 사업자 신고를 한 건데 무슨 혜택을 그리 많이 줍니까. 음식점 차리려고 사업자 등록을 했다는 이유만으로 세금을 한 푼도 안 내게 해준 적이 있나요? 다른 사업은 그런 혜택이 없는데 임대사업자에게만 혜택을 주니 집값이 폭등하지요. 이 제도를 만든 사람들을 모두 문책해야 합니다.

　어쨌든 장관이 나와서 센 발언을 하고 양도세도 중과한다고 하니 집을 1채만 가진 사람들은 겁이 나서 집을 사지 못했어요. 그런데 투기꾼들은 정책이 나오자 바로 감을 잡고 집을 쇼핑하듯 사러 다녔습니다. 이런 식으로 실수요자나 개인에게는 협박을 하고, 투기 세력에

## 주택임대사업자의 세제 혜택

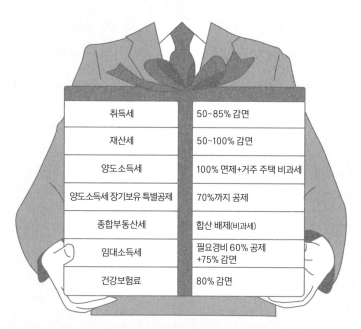

| | |
|---|---|
| 취득세 | 50~85% 감면 |
| 재산세 | 50~100% 감면 |
| 양도소득세 | 100% 면제+거주 주택 비과세 |
| 양도소득세 장기보유 특별공제 | 70%까지 공제 |
| 종합부동산세 | 합산 배제(비과세) |
| 임대소득세 | 필요경비 60% 공제 +75% 감면 |
| 건강보험료 | 80% 감면 |

·8년 장기임대의 경우. 양도소득세, 양도소득세 장기보유 특별공제, 종합부동산세의 경우 일정 조건 충족시 혜택 부여.

박근혜 정부가 시작한 주택임대사업자 세제 혜택은 문재인 정부 들어 대폭 확대되었다. 주택임대사업자들이 소유한 임대사업용 주택은 현재 160만 호에 이르며, 이중 25% 정도인 약 40만 호가 아파트다.

게는 꽃길을 열어주는 잘못된 정책을 폈습니다. 이후 유튜브 등에서 부동산정책을 해설해주는 사람이 많아졌습니다. 이 정부 들어서 생긴 현상입니다.

얼마 전 조기숙 교수의 증언에 따르면 문 대통령은 앞으로 집값이 폭락할 테니 집 사지 말라고 했다지요. 내 짐작으로는 대통령은 김수현 수석에게 집값을 팍 떨어뜨리라고 지시했던 것 같습니다. 그리고 김수현 수석은 자기가 청와대에 들어가면 부동산이 끝난다고 착각했고요. 천만에요. 강남 투기꾼들에게는 그때가 시작이었습니다.

### 〈해설〉 2017년 임대주택 등록 활성화 방안

2017년 8월 3일, 이른바 8.2대책 발표 바로 다음 날이었다.

김수현 당시 청와대 사회수석은 청와대 춘추관에서 기자들과 만나 보유세에 대해 "신중한 의사결정을 할 것"이라고 답변했다. 청와대가 보유세 인상에 대한 저항을 걱정하고 있으며 급격한 인상을 시도하지 않을 것이라는 신호였다.

같은 자리에서 그는 다주택자를 향해 임대 등록을 하라고 권유했다. "다주택자가 없으면 주택 시장이 안정되지 않는다. 누군가 임대용 주택을 내놔야 한다. 다주택을 하려면 사회적 책무를 함께 해달라는 것이다. 임대사업자로 등록하면 다주택 양도세 중과가 배제된다."

김 전 수석의 이러한 발언을 통해 그가 다주택자를 바라보는 시각을 확인할 수 있다. 그는 다주택자를 '임대용 주택을 내놓아 시장 안정에 기여하는 고마운 존재'로 격상시켰다. 뒤에서 다시 설명하겠지만(3부), 그에게는 다주택자의 반발이 예상되는 강력한 집값 안정책을 쓸 생각이 처음부터 없었다.

8.2대책 이후 다주택자들은 어떻게 했을까? 집을 팔지 않고 증여하거나 주택임대사업자 등록을 했다. 2017년 12월이 되자 정부는 〈임대주택 등록 활성화 방안〉을 발표하고 주택임대사업자에게 2021년까지 취득세 및 재산세 감면과 건강보험료 최대 80% 감면 혜택을 안겨줬다. 서울대 경제학과의 이준구 명예교수는 〈주택 투기에 꽃길 깔아주고 집값과의 전쟁 벌인다고?〉라는 제목의 글로 이를 비판했다.

집값은 어떻게 됐을까? 8.2대책 발표 한 달 만인 9월부터 재건축 아파트값이 다시 상승했고, 풍선효과도 여기저기에서 나타났다. 다주택자들이 증여 또는 임대사업자 등록을 선택하면서 서울에서는 매물 품귀 현상이 나타났다. 2018년 새해 첫 주부터 서울 아파트 매매가 상승률이 0.33%를 기록했다. 2008년 금융위기 이후 최대 폭의 상승률이었다.

정부에서는 어떻게 반응했을까? 국토부에서는 8.2대책으로 "서울 등의 과열은 진정됐으나 대구(수성), 분당 등 주변 지역 과열이 우려"된다면서 8.2대책의 후속 조치를 발표했다. 투기과열지구를 확대하고, 분양가상한제 적용 요건을 완화했다. 이때부터 패턴이 나타난다. 핀셋 대책을 내놓고, 집값은 미미하게 하락하다 다시 반등하고, 정부가 다시 핀셋 대책을 내놓고. 대책의 횟수가 늘어날수록 시장의 내성은 커지고 눈치 보는 기간은 짧아진다.

지금 생각하면 출범 초기의 황금 같은 기회들이 너무나 아깝다. 지지율도 높았고 촛불의 열기가 고스란히 남아 있었던 시기에 문재인 정부는 소극적인 태도로 일관했다, 집값이 더 오르면 정책을 내놓겠다고만 했다. 그래서 당시 언론들은 '대통령의 주머니 안에는 어떤 정책들이 들어 있을까?' 같은 제목의 기사를 많이 썼다. 지금 돌이켜보니 궁금하다. 그때 주머니 안에 정책이 있긴 했을까? 시장은 정부가 강력한 정책을 내놓을 줄 알았는데 '별 것 아니었네'라고 판단했다. 2018년 초부터 일부 언론에서는 '참여정부 시즌2'라는 조롱 섞인 보도가 나오기 시작했다.

## 말 따로 행동 따로 —————

안진이 ▷ 문재인 정부는 한동안 "강남이 문제다", "국지적인 상승이다"라고 이야기를 했습니다. 과거 참여정부에서도 "버블세븐만 문제다"라고 했는데 실제로는 무차별적으로 땅값과 집값이 올라서 원성이 높았잖아요. 현 정부의 부동산정책은 참여정부 시절과 어떤 점이 비슷하다고 보시는지요?

김헌동 ▶ 아까 말씀드린 은마아파트 또는 이낙연 의원의 집값 그래프만 봐도 답이 나옵니다. 참여정부와 문재인 정부 때 크게 상승한 것을 누구나 쉽게 확인할 수 있어요.

참여정부와 문재인 정부의 공통점은 말과 실제 정책이 반대였다는 것입니다. 노무현 전 대통령은 처음에 "나는 돈이 없다. 내 자식들 집을 얻어줄 돈도 없다. 그래서 내가 대통령이 되면 집값 하나만큼은 확실히 잡는다"라고 이야기했어요. "강남 집값은 무조건 잡는다"라는 말도 여러 번 했어요. 그런데 자기를 안 찍어준 강남 사람들 집값만 올려놨지요.

문재인 정부도 마찬가지로 "투기는 끝났다"라고 하더니 임기가 60%쯤 지난 지금 서울 아파트값을 3억 넘게 올려놓았습니다. 강남은 7~8억 올랐고요. 그런데 작년 11월 19일에도 대통령은 서울 아파트값이 이렇게 심각하다는 사실을 전혀 모르고 있었습니다. 경실련과 언론의 문제 제기 이후, 올해 초 임기 초반 가격으로 낮추겠다고 말했는데 6개월 만에 또 10%가 올랐습니다. 그런데도 엉터리 같은 6.17대책을 발표해서 한 달 만에 또 집값을 올려놨어요. 2020년 7월에 겨우 대통령이 부동산 문제의 심각성을 인지한 것 같은데, 시장에 매물이 나오게 하는 본질적인 대책은 내놓지 않고 있습니다. 재벌과 토건족 그리고 공기업이 반대하는 분양원가 공개·분양가상한제·후분양제 및 토지임대부 분양 같은 건 절대 하지 않아요. 이런 식이라면 현 정부 임기가 끝날 무렵에는 서울 아파트값이 50%가 아니라 100%까지 올라 있을 가능성이 큽니다.

참여정부 때인 2006년 5.31지방선거가 있었습니다. 선거 직전에 청와대가 국정 홍보 기사를 쓰면서 '버블세븐'이라는 신조어를 만들어냈어요. 집값 상승은 국지적 현상이고 버블세븐만 문제라고 했는데 현실은 그렇지 않았습니다. 실제로는 무차별적으로 땅값과 집값이 올라서 원성이 높았지요. 결국 선거에서 여당이 참패했는데, 그 후에 또 엉뚱한 대책을 내놓습니다. 반복적으로 진단을 잘못하고 엉터리 처방을 하는 정부를 시민들은 더 이상 믿을 수 없다고 판단했습니다. 현 정권(참여정부)에서 집값을 잡기는 틀렸고 다음에 한나라당이 집권하면 집값이 더 오른다는 심리가 팽배했지요. 그러면서 서울과 수도권 전역에서 집값 폭등 현상이 나타났습니다.

참여정부가 출범할 즈음 강남의 30평형 아파트가 5억 원쯤에 거래됐습니다. 강남 아파트를 2~3채 갖고 있으면 재산이 10억 원 남짓이었습니다. 그러다 참여정부 임기 말인 2007년 무렵에는 강남에 집이 2~3채 있으면 50억을 보유한 자산가로 대접받을 수 있었습니다. 한 채가 15억 대에 거래됐으니까요. 이명박 정부 때 고소영(고려대·소망교회·영남 출신), 강부자(강남의 부동산 자산가)라는 말이 널리 회자됐습니다. 그런데 정작 고소영, 강부자 재산은 참여정부 기간에 부동산을 통해 늘었습니다. 노무현 대통령이 이명박 정권 참모와 장관들 재산을 늘려준 셈이니 참으로 역설적입니다.


안진이 ▶ 2018년에 관심이 높았던 보유세 이야기로 넘어갈까요? 문재인 정부는 집권 후 1년이 다 가도록 보유세제 개편을 방기하다가 재정개혁특별위원회라는 민간인과 공무원의 합동 위원회에 부동산 세제 개편안을 맡깁니다. 2018년 7월 3일에 특위 권고안이 나왔는데, 주택의 경우 종합부동산세율을 과표 6억 초과 구간별로 0.05~0.5%포인트 올린다는 내용이었어요. 대단히 소극적인 인상안으로 부동산 종류별 공시가격 현실화 문제는 아예 빠졌습니다. 7월 6일 기획재정부(기재부)가 최종적으로 발표한 개편안은 특위 권고안마저 반토막 낸 것이었지요. 보유세 강화의 무산, 어떻게 보십니까?

김현동 ▶ 재정개혁특별위원회 위원장은 시민단체 출신이었습니다. 특정 시민단체 출신 청와대 정책실장이 재정개혁특위를 구성하도록 하면서 그 시민단체 출신을 위원장으로 임명했지요. 특위가 1년 반 동안 활동했지만, 아무것도 건드린 게 없어요. 논의 자체를 이런 식으로 해서는 안 됩니다. 주택과 아파트로 국한된 종부세 강화로는 집값을 잡을 수 없습니다. 종부세와 집값 안정화는 직접적으로는 별 관련이 없어요.


**재벌 부동산 최고세율 0.7%, 주택임대사업자 종부세 0원.**
**그러나 개인은 3~6%로 높였다** ────────

안진이 ▶ 종부세가 미약한 것은 저도 인정합니다만, 직접적으로 별 관련이 없다고까지 말할 수 있을까요?

**김헌동** 두 가지만 물어봅시다. 노무현 정부 때 종부세를 도입했는데 그때 집값을 잡았나요? 이명박 정부나 박근혜 정부 때는 종부세를 깎아줬는데 왜 집값 상승 폭 또는 집값 자체가 떨어졌나요?

주택에만 초점을 맞춘 종부세 강화만으로는 집값을 안정화하기 어렵습니다. 문제는 부동산 전체의 실효세율입니다. 실효세율이 낮으면 아파트 종부세율을 아무리 높여도 한계가 있습니다. 2005년 참여정부 때부터 지금까지 종부세 가지고 15년째 똑같은 얘기를 하고 있잖아요. 그때 일부 학자들은 세제 개혁만 하면 집값이 잡힌다고 확신에 차서 종부세 강화와 보유세 강화를 주장했어요. 그들의 주장을 입법화하기 위해 실랑이를 하다가 정작 시민에게 도움이 되는 분양가 규제(분양원가 공개, 분양가상한제, 후분양제) 같은 시장 정상화 정책 개혁은 하나도 추진을 못 했다고 봅니다.

도입된 종부세의 가장 큰 문제는 개인과 재벌 등 법인의 세율이 다르다는 것입니다. 지금도(6.17대책 이후 7.10세제대책까지도) 개인에게는 세율을 최고 6%까지 올리겠다고 하면서 법인은 최고 0.7%의 세율을 적용하고 있습니다. 땅이든 건물이든 주택이든 부동산을 많이 가지고 있다면 세금을 많이 낸다는 원칙이 있어야 하는데 구멍이 너무 많습니다.

부동산값 상승 때에는 고액 부동산값이 더 많이 올라요. 그런데 그런 고가의 부동산값이 올랐다는 사실은 언론이 보도를 하지 않습니다. 아무도 문제 삼지 않습니다. 재벌들이 가진 1조 원짜리 빌딩도 최고세율은 0.7%입니다. 현대자동차그룹이 10조 5000억 주고 매입한 삼성동 땅을 예로 들어봅시다. 2014년 10.5조에 매매가 이루어진 땅의 공시지가는 이듬해 2.2조, 21% 수준이었습니다. 이 땅에 부과된 세율은 0.7%고 공시지가는 21%니까, 시세의 0.14%가 실제 세율입니다. 최근 시세는 5조 원 정도가 올라서 15조 원이 넘을 겁니다. 공시지가 현실화율도 낮은데 법인에 대한 종부세 세율이 개인보다 훨씬 낮습니다. 그래서 실효세율이 터무니없이 낮은데 법인에 대한 세율 높이겠다는 이야기는 전혀 없어요.

법인에 대한 세율을 높이지 않으니까 개인들, 대표적으로 연예인들이 법인을 만들어 빌딩을 사들이고 재벌 흉내를 냅니다. 그게 훨씬 이득이 많거든요. 연예인 A씨가 가진 법인의 100억짜리 빌딩에서 내는 세금과 강남의 10억짜리 아파트 세금을 비교하면 빌딩이 덜 냅니다. 종부세를 개인이 3% 낸다고 치면 법인은 0.7%밖에 안 내니까. 공시지가 40%를 적용해도 0.28%입니다.

결국 정부 대책은 큰 고기는 다 놔주고 피라미만 계속 잡겠다고 하는 격이에요. 피라미들이 집값을 올리는 것도 아니고 개인들에게 고통을 준다고 해서 집값이 정상화되는 것이 아닌데 정부는 자꾸만

## 종부세 상위 5개 빌딩과 아파트 종부세 비교

(단위: 억 원)

| 건물명 | 토지 시세 | 시세 70% 적용할 경우 공시가격 | 2019년 종합부동산세 | | |
|---|---|---|---|---|---|
| | | | 정부안ⓐ | 아파트 수준 적용ⓑ | 차이(ⓐ-ⓑ) |
| 롯데월드 | 15조 5450 | 10조 8815 | 225 | 465 | 241 |
| GBC | 10조 5789 | 7조 4052 | 113 | 316 | 203 |
| 제2롯데월드 | 10조 5676 | 7조 3973 | 156 | 316 | 160 |
| 롯데그룹 본사 | 2조 3107 | 1조 6175 | 58 | 68 | 10 |
| 삼성전자 | 2조 1682 | 1조 5177 | 24 | 64 | 40 |

정부안 : 공시가격과 종합부동산세 세율은 인상하지 않고 공정시장가액 비율(공시가격에 할인을 적용하여 최종 결정되는 과세 표준 기준율)을 현행 80%에서 85%로 인상.

엉뚱한 대책을 내놓습니다. 종부세를 부과하려면 법인에도 개인과 똑같이 부과해야지요. (정부는 2020년 6.17대책을 통해 법인 보유 장기 임대주택에 대한 종부세 6억 원 공제를 폐지하고 종부세율도 상향했다. 그러나 법인 보유 '주택'에 한정된 것이고, 고가의 토지나 빌딩에는 별도합산토지라는 이름으로 추가적인 부담을 지우지 않고 있다. 별도합산토지는 사업용으로 간주하는 토지를 뜻하며, 최고세율은 0.7%다.—대담자 주)

주택임대사업자도 커다란 구멍입니다. 주택을 100채 가진 사람에게는 세금을 안 걷으면서, 왜 아파트 1~2채 보유한 사람에게 세금을 더 내라고 하나요? 정부가 10억 하던 아파트를 20억으로 만들어 놓고 세금을 더 내라고 합니다. 또 20억이 됐으니까 세율을 높이겠다고 합니다. 김수현, 장하성, 김현미 같은 사람들이 집값을 올려놓고 왜 보통 사람에게 세금을 더 내라고 하지요?

( 안진이 ) 법인은 큰 고기, 10억 넘는 집을 가진 개인은 피라미라는 말씀이네요. 그래서 법인의 부동산 세율을 먼저 상향해야 한다는 것이고요. 종부세 몇 퍼센트 올리는 걸 가지고 이야기하는 것은 의미가 없다는 말씀인가요?

( 김헌동 ) 종부세율을 변경하려면 국회로 넘겨서 법안을 만들어 통과시켜야 하는데, 결국 여야의 정쟁거리가 됩니다. 공시가격을 올리는 건 국회를 거치지 않고 정부가 지금 당장이라도 할 수 있는데, 쉬운 것은 안 하고 세율을 건드리겠다고 합니다. 지난 15년을 계속 그래왔습니다. 종부세율 몇 퍼센트 가지고 여당은 어떻고 야당은 어떻고 소모적인 논의를 하지 말고, 본질을 이야기해야 합니다. 법인이 그동안 덜 낸 세금(2020년 경실련 추정 결과 지난 16년 동안 약 80조 원)을 이제부터 더 내도록 하자든지. 재벌 대기업의 세금을 더 걷든지. 공평무사한 기준부터 정해야 합니다. 그런 다음에 개인들의 주택을 건드려야 합니다. 한 사람이 집을 많이 가지면 다른 사람이 가질 기회가 없잖아요. 그런데 어떤 사람이 돈이 많아서 더 갖고 싶다고 한다면 보유세 등 세금을 더 내도록 해야지요. 이게 바로 보유세 강화입니다.

## 주택임대사업자, 임대소득세는 제대로 내나?

① 그냥 3주택자인 경우: 임대소득세 72만 8,000원
② 임대사업자로 등록한 경우: 임대소득세 6만 1,600원

·자료 제공 : 장석호(공인중개사)

서울 목동에 거주하는 사람이 강서구 가양동의 39.6m² 아파트 2채를 2015년 1월에 취득해서 10년 임대한다고 가정하자. 임대료는 보증금 2000만 원에 월세 60만 원이다. 이 사람은 주택임대사업자로 등록할 수도 있고, 그냥 3주택자로 남아 있을 수도 있다. 주택임대사업자 제도의 본래 취지대로라면 등록자가 임대소득만큼 세금을 더 내거나, 최소한 미등록자와 비슷한 수준으로 내야 한다. 각각의 경우 임대소득세를 비교해보자.

· 3주택자인 경우: 40m² 이하 주택이므로 보증금은 과세 대상에서 제외.
- 월세 600,000원×12개월×2채=14,400,000원이 된다. 연 2000만 원을 초과하지 않으므로 분리과세 가능.
- 필요경비율 50%를 적용하면 7,200,000원.
- 기본공제 200만 원을 빼면 5,200,000원.
- 세율 14%를 곱하면 임대소득세 결정액은 728,000원.

- **주택임대사업자인 경우:** 40m² 이하 주택이므로 보증금은 과세 대상에서 제외.
  - 월세 600,000원×12개월×2채=14,400,000. 연 2000만 원을 초과하지 않으므로 분리과세 가능.
  - 필요경비율 60%를 적용하면 5,760,000원.
  - 기본공제 400만 원을 빼면 1,760,000원.
  - 세율 14%를 곱하면 246,400원.
  - 여기에 임대소득세 75% 감면 혜택이 주어지므로 임대소득세 결정액은 61,600원.

다시 말하지만, 국토부 장관이 당장 할 수 있는 일이 있어요. 공시가격을 2배로 인상하는 겁니다. 공시가격, 공시지가 산정부터 즉시 정상화해야 합니다. 5년 전부터 계속 살펴봤는데, 공시지가와 공시가격이 엉터리입니다. 재벌 총수들이 많이 사는 한남동의 어느 단독주택을 예로 들면 공시지가(땅값)는 200억 원인데 공시가격(땅값+건물값)은 150억 원입니다. 실제 땅값은 400억 원이 넘고요. 어처구니없는 일이지요. 공시가격을 조사하는 곳과 공시지가를 조사하는 곳이 달라서 그렇습니다. (부동산 공시가격제도는 토지에 적용되는 부동산 가격인 공시지가와 주택에 적용되는 공시가격으로 나뉜다. 1990년 처음 공시지가 조사가 시작된 후 2005년 종합부동산세가 도입되면서 주택에 대해서 토지와 건물을 통합해 평가하는 공시가격이 도입됐다. 현행법상 공시가격 산정·고시 권한은 정부가 행사하지만, 실무에서는 공동주택과 표준 단독주택은 한국감정원, 표준지는 한국감정평가사협회, 개별 단독주택과 개별토지는 지자체가 제각각 산정한다.—대담자 주)

시세 파악이 쉬운 아파트만 공시가격 현실화율이 시세의 70% 수준까지 올라왔어요. 결국 아파트를 가진 사람한테만 세금을 잔뜩 부과하겠다고 발표합니다. 지금도 1년에 1800억 원씩 국민 세금을 사용해서 공시지가와 공시가격을 조사하는데, 그것만 제대로 해도 집값 잡는 데 도움이 될 겁니다. 굳이 종부세율 인상으로 어렵게 갈 필요가 없습니다.

안진이 ▷ 네, 이해가 됩니다. 종부세는 강화 방안이 나와도 국회를 거치는 동안 몇 달이 더 소요되고, 국회의원들이 '세 부담 상한' 같은 장치를 넣고 해서 실제 부담액은 팍 줄어들더라고요. 당장 공시가격과 공시지가만 현실화해도 효과가 클 것 같습니다.

## '소득주도성장'이라고 외치고 '불로소득주도성장'이라고 읽었다 ——

안진이 ▷ 미미한 수준의 보유세 개편안이 발표되고 곧바로 박원순 서울시장의 여의도·용산 통개발 발언이 나왔습니다. 7월 이후 서울과 수도권의 집값은 더욱 폭등했고요. 그래서 문재인 정부는 부랴

부랴 "부동산 관련 공급·세제·금융 등을 총망라하는 강력한 대책"
이라면서 8.27대책을 발표합니다. 이때 경실련에서는 투기만 조장
하는 공급확대책의 재탕이라고 강력하게 비판하고 "주무장관·관료·
청와대 참모 교체"를 요구했습니다. 그런데 얼마 후 장하성 정책실장
이 물러나고 김수현 사회수석이 새 정책실장으로 임명됐어요. 청와
대 참모들에 대해서 많은 말씀을 하셨는데, 아직 하실 말씀이 많을
것 같습니다.

**김헌동**  서민들과 청년들은 새로 출범한 문재인 정부가 집값에
잔뜩 낀 거품을 빼주기를 바랐습니다. 그런데 문재인 정부가 한 일은
아파트값 거품을 더 키우는 것이었습니다. 그것도 문재인 정부에 표
도 잘 안 주는 강남권의 특권층과 재벌을 위해서요. 그리고 참모들은
자기 집값을 올려놓았습니다. 청와대에서 정책을 총괄했던 장하성
전 정책실장 아파트는 3년 동안 10억 원 올랐고, 두 번째 정책실장인
김수현의 아파트도 10억 원 올랐습니다. 다른 참모 집값도 많이 올
랐습니다.

　　장하성 전 정책실장이 소득주도성장을 하겠다고 했어요. 소득주
도성장을 내세우면서 최저임금을 올렸잖아요. 지난 3년 동안 최저
임금이 얼마나 올랐나 보니까, 연봉으로 따지면 3년 전 최저임금액
이 대략 연 1600만 원이었는데 문재인 정부 들어 2100만 원으로 올

## 장하성의 아파트

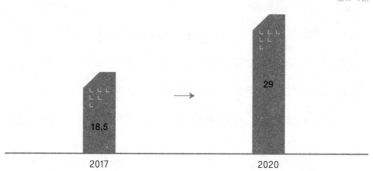

(단위: 억 원)

18.5 → 29

2017          2020

·KB시세 기준

2018년 9월 5일, 장하성 당시 청와대 정책실장은 TBS 라디오에 나와서 "모든 국민이 강남에 살 이유는 없다. 저도 강남에 살기에 드리는 말씀"이라는 유명한 발언을 한다. 그가 사는 송파구 잠실동 아시아선수촌아파트는 정권 출범 후 10억 원이 넘게 올랐다(전용면적 134.48m²).

랐습니다. 근로소득이 500만 원 늘어난 겁니다. 그런데 서울 아파트 값이 3억 올랐습니다. 불로소득은 3억이에요. 땀 한 방울 안 흘리고 아파트 1채 가진 사람은 3억을 벌었고, 강남에 아파트를 가진 사람은 7억을 챙겼습니다. 최저임금 받아가며 열심히 일하는 사람들은 1년에 500만 원씩 저축해야 3년에 1500만 원 모을 수 있어요. 서민들이 1500만 원 모으는 사이에 집값은 3억이 뛰었습니다. 서울에 아파트가 170만 채 있습니다. 한 채에 3억 510만 원 올랐습니다. 실제로는 '소득주도성장'이 아니라 부동산 거품에 의지한 '불로소득주도성장'을 하고 있으면서 국민을 속인 셈입니다. 지난 3년간 토지에서 2000조, 건물까지 포함하면 2500조의 부동산 거품이 생겨 불로소득이 발생했습니다. 연간 국가 예산이 500조 정도니까 국가 예산의 4~5배에 가깝습니다. 그런 천문학적인 불로소득을 0.1% 재벌 토건회사, 공기업 그리고 투기 세력에 안겨주어 불평등과 격차를 심화시킨 게 문재인 정부입니다.

소득 3분위 가구(5분위별 가처분소득 기준)가 서울 중위가격 아파트를 사는 데 걸리는 기간으로 볼까요. 이명박 정부 집권기에는 기간이 16년에서 13년으로 줄었고 박근혜 정부 집권기에는 13년에서 15년으로 늘어났는데, 문재인 정부는 임기 초에 16년이었는데 지금은 22년으로 늘어났습니다. 이게 어떻게 소득주도성장입니까?

참여정부 부동산정책의 실패를 이끌었던 사람들이 지금도 정책을 결정합니다. 그 사람들에게는 집값을 안정시킬 의지도 없고 능력도 없어요. 노무현, 이명박, 박근혜 정부에서 부동산 경기 부양책과 투기 개발 정책을 만든 토건 관료들도 그대로 있어요. 집값 뛰게 한 관료들을 교체하지 않고 그대로 데리고 쓰면서 부동산과 아파트 값 상승의 원인은 과거 정권의 규제 완화 때문이라고 말합니다. 몇 년째 '이명박근혜' 탓만 합니다.

현 정부 정책 결정자들이 시장에 강력한 영향을 줄 정책, 즉 재벌과 투거족이 싫어하는 후분양제와 분양원가 공개, 그리고 분양가상한제 등의 정책을 사용하지 않는 것이 지금 문제의 핵심입니다.

문재인 대통령은 광장의 촛불을 등에 업고 당선됐어요. 지금 국토부 장관도 자기가 개혁하겠다고 했고요. 집은 서민의 꿈이고 희망이었는데, 노무현 정부 이후 서민들은 집 사겠다는 꿈과 희망을 버렸어요. 집 사기를 포기했어요. 가정 꾸리기를 포기했지요. 집 하나에 3~4명이 사는데, 지금은 1인 가구가 늘고 '방'만 필요해진 거지요. 가정이 꾸려지지 않은 나라가 무슨 나라예요. 아이들이 태어날 기회를 박탈당하고, 대가 끊기면서 선진국이 됐다는 나라 있어요?

- 《오마이뉴스》 인터뷰, 2017. 9. 6.

**대한민국 국회는 재벌과 건설업자 편이다** ───────

안진이 ─ 청와대 이야기는 충분히 한 것 같습니다. 다음으로 여당 이야기를 해보지요. 더불어민주당은 3년 동안 서민 주거 안정에 어떤 기여를 했는지 평가해주시겠어요? 열린우리당 시절에도 지켜보셨을 텐데요.

**김현동** 우리나라 국회의 대다수 의원은 건설업자들 편입니다. 거대한 두 정당의 대표와 국회의원들은 물론이고, 지방정부와 지방의회의 정치인 공천 때부터 지방의 건설업자 다수가 포함됩니다. 저는 전체 국회의원의 80% 이상이 재벌과 건설업자들의 편이라고 봅니다. 국회를 통과하는 법안의 90%는 재벌과 대기업의 이해를 반영하고 그들의 요구가 관철된 법들이기 때문입니다. 평범한 서민들을 위한 법은 발의도 별로 없고 본회의 통과도 거의 없습니다.

288억 부동산을 보유한 국회의원 부동산 1위 부자 박덕흠 의원이 대표적이지요. 2012년에 여당인 새누리당 국회의원으로 당선되어 정치를 시작한 그는 한 정당의 방향을 전환시켰다고 할 수 있을 정도입니다. 비상장 주식을 다량 보유함으로써 일가족 건설회사의 사실상의 회장 격인 그는 대한전문건설협회에서 수십 년 활동한 인물입니다. 협회장도 맡았었지요. 그는 토지, 건물, 주택 등 다량의 부동산을 보유하고 있습니다. 그런 인물이 2014년부터 국토위에서 활동하면서 분양원가 공개를 반대하고 분양가상한제는 폐지하자고 주장했습니다. 후분양제도 반대했지요. 재벌과 토건업계를 대변한 것입니다.

지금의 더불어민주당(당시 새정치민주연합)도 정권을 잡기 전인 2014년 말, 그에 편승해 새누리당과 손잡고 국토위에서 분양가상한제를 폐지해버렸습니다. 2007년에 자기들이 만들었던 분양가상한제를 7년간 운영하다가 재벌과 건설업자의 요구를 받아들여 2014년 말에 여야 합의로 폐지한 것입니다.

더불어민주당의 전신인 열린우리당 때 여론에 떠밀려서 분양가 상한제를 시행했지만, 이후에는 그걸 없애려고 호시탐탐 노렸습니다. 국토위에서 분양가상한제가 폐지되던 날, 부동산특위 위원장을 했던 이미경 의원이 제게 전화를 했어요. 자기는 더는 막을 힘이 없다, 어쩔 수 없다고 하더군요. 7년간 토건족과 언론, 여야 의원들, 소위 부동산 전문가라는 자들이 분양가상한제를 없애려고 흔들어댔어요. 그래도 이미경 의원이 끝까지 막으려고 했는데, 자기 당의 국토위원장이었던 박기춘 의원이 여당과 야합해서 분양가상한제를 법에서 제거하고 시행령으로 바꿔버린 것입니다.

장관이 하고 싶으면 하고 아니면 말도록 법을 뜯어고쳤어요. 이런 정당이 야당에서 여당이 된다고 분양가상한제를 도입할 리가 없지요. 총리였던 이낙연도 분양가상한제 반대, 당 대표인 이해찬도 반대, 어떻게 보면 더불어민주당의 당론은 분양가상한제 반대라고 할 수 있어요. 결국 더불어민주당은 자신들이 노무현 정부 때 등 떠밀려 도입한 분양가상한제를 버렸습니다.

2018년 야당의 정동영 의원이 전면 실시하자고 법안을 냈는데 더불어민주당은 거들떠보지도 않았어요. 여당일 때도, 야당일 때도. 정동영 의원이 끝까지 설득하여 겨우 공공의 분양원가 공개 법안을 상임위원회에서 통과시켰는데, 당시 제1야당인 자유한국당이 반대하고 법제사법위원회(법사위)에서 발목을 잡았어요. 정동영 의원이 당시 박덕흠 의원과 많이 부딪혔다지요. 1년 동안이나 법사위에서 잠을 자다가 2018년 국정감사 때 그 법안을 철회하는 조건으로 아파트 분양원가 공개를 시행했습니다. 그러나 이미 원가를 잔뜩 부풀리고 속여서 원가 공개의 실효성이 사라진 상태였어요. 서민에게 도움이 될 수 있는 법안이 발의될 때면 정부와 여당은 늘 이런 식이었습니다.

2020년 총선을 앞두고는 이해찬 대표가 자기 당의 국토위원 등 다선 의원들을 데리고 대한건설협회를 찾아가서 적극적 지원을 약속하고 왔습니다. 더불어민주당은 토건족을 대변하는 정당이지 서민과 약자를 대변하는 정당이 아닙니다.

### 〈해설〉 민간택지 분양가상한제 실시 연기

2019년 부동산정책의 키워드 중 하나가 분양가상한제였다. 2019년 8월 국토부는 주택법 시행령 개정안을 발표, 민간택지 분양가상한제 적용 지역을 확대하겠다고 했다. 그런데 국토부의 개정안 발표 후 홍남기 경제부총리와 이낙연 총리 등이 분양가상한제 후퇴 발언을 잇따라 내놓았다. 여당인 더불어민주당에서도 총선을 의식해 반대 의견을 표명하기 시작했다.

"분양가상한제는 효과도 있지만, 그 나름대로 단점도 갖고 있는 게 명확하다. 부동산 상황이나 경제 상황 등을 고려해 관계 부처 간 별도 판단이 필요하다."

– 홍남기 부총리, 2019. 8. 12.

"부동산 시장의 움직임을 봐가면서 실시할 것."

– 이낙연 총리, 2019. 8. 26.

"분양가상한제 도입은 부동산 시장의 정상 작동을 방해해 기존주택 가격만 올릴 것. 우리 정부가 내놓은 정책 중 가장 큰 악수惡手가 될 수 있다."

– 최운열 민주당 제3정책조정위원장, 2019. 8. 4.

정부와 여당은 총선이 더 중요했던 것일까. 10월 1일, 정부는 민간택지 분양가상한제 시행을 6개월 유예했다. 이듬해 4월 총선 때까지는 분양가상한제를 실시하지 않겠다는 선언이었다. 게다가 8월 국토부가 내놓은 안에서도 후퇴해 서울 강남구 개포동 등 27개 동만 분양가상한제 예정 지역으로 '핀셋' 지정했다. 정부가 분양가상한제를 유예하면서 예정 지역까지 미리 알려주자, 사람들은 정부가 당장 집값 잡을 생각이 없다고 받아들이고 앞을 다투어 주택 구입 및 투기에 나섰다. 2019년 하반기 서울 아파트 매매가 상승률은 점점 높아졌다.

그런데 그게 끝이 아니었다. 2020년 3월에는 코로나19를 핑계로 민간택지 분양가상한제 시행을 또 연기한다고 발표했다. 당초 4월 28일이었던 시행 시기는 3개월 미뤄졌다. 7월 28일부터는 핀셋 지정된 지역에 한해 민간택지 분양 가상한제가 시행되고 있다. 실제로 분양가가 얼마나 낮아질지는 두고 봐야 한다. (진짜 분양가상한제가 되려면 분양원가 공개가 같이 이뤄져야 한다는 것이 김헌동 본부장의 설명이다. 분양가상한제와 분양원가 공개에 대한 자세한 내용은 4부에서 다룬다.)


## 건설 경기 부양을 위한 수백조 원 동원과 예타 면제, 역대급 친재벌 친토건 정권 ─────────

안진이 ▷ 2018년 말 정부는 2019년 경제정책 방향을 발표합니다. 촛불을 내세운 정부인데 이전 정부와 다를 바가 없다는 생각이 들었습니다. 모든 공공시설물의 민자 사업 추진 허용, SOC 사업 예산 조기 배정 및 예타 기준 완화, 삼성동 현대차 105층 건물 착공 등의 내용이 담겨 있었어요. 전임 대통령들처럼 토건으로 가겠다는 뜻 아닌가요? 2019년 1월에는 지자체별로 1건씩, 24조 1000억 규모의 나눠먹기식 예타 면제 사업을 발표합니다. 남부내륙철도 같은 것은 박근혜 전 대통령도 못 했던 사업이라고 하더군요. SOC 사업 예타 면제와 도시재생 뉴딜사업의 문제점에 대해 설명 부탁드립니다(예타는 예비타당성조사의 준말이다. 정부가 500억 이상의 대규모 사업에 대한 예산을 편성하기 전 사업성을 판단하는 사전 절차를 말한다.─대담자 주),

**김헌동** 문 대통령의 공약에 5년간 매년 10조씩 50조를 투입해서 도시재생을 한다는 내용이 들어갔습니다. 도시재생이란 박원순 서울시장이 당선 후에 재개발이나 뉴타운 사업 대신 상대적으로 낙후된 동네에 서울시 예산으로 벽화를 그려주거나 페인트칠을 해주면서 과거의 재개발과 다르다고 홍보하던 것입니다. 제가 보기에는 졸속으로 추진되어 예산을 낭비하는 사업이었어요. 외국 사례를 가져와서는 관료들의 눈치를 보는 학자에 의해 거액의 용역비를 국가가 지출하는 것이지요. 관료 입맛에 맞춘 보고서를 토대로 급조된 사업이 '도시재생'으로 포장되었습니다. 바로 김수현이 서울연구원 원장으로서 박원순 시장을 보좌하면서 추진했던 사업입니다. 그것을 전국적으로 시행하겠다는 것이 도시재생 뉴딜이에요.

아까 말씀드렸지만, 대통령이 청와대로 이주하기 직전에 살던 홍은동 지역은 다가구 연립 등이 밀집된 곳이라 수익성이 떨어져 재개발 사업도 잘 안 되는 동네였습니다. 그런데 그곳을 국민 세금을 투입해 아파트촌으로 변모시켜주겠다고 하니, 대통령이 뽑히자마자 강남의 투기 전문가들이 강북으로 몰려가 연립주택, 다세대, 빌라 등을 매입합니다. 거기다 임대사업자 등록을 하면 세금도 깎아주고 대출도 늘려주는 정책 탓에 투기가 극성을 부렸어요. 이런 식으로 재개발 사업을 하는 업자들 배만 불리는 방향으로 정책이 흘러갔습니다. 또 재개발·재건축 등 구도시 개발 사업의 경우 거의 다 조합원들이 재벌에게 일을 맡기길 원하니까, 결국 재벌 계열 토건 기업의 먹잇감만 늘려주는 꼴이지요. 투기꾼을 동원하여 재벌 먹잇감을 늘려 재벌과 토건 업자 배만 불리는 정책이란 말입니다.

예타 면제 이야기를 해볼까요? 이명박 전 대통령의 4대강 사업에 대해 당시 야당이었던 현 집권 세력은 예타를 무시하고 진행된다고 비판하고 정치적 쟁점으로 만들었습니다. 그런데 정작 자기들은 50조 도시재생 뉴딜사업을 예타 없이 추진합니다. 건설 경기 부양을 인위적으로 안 한다고 해놓고 지방선거에서 당선된 여당 광역단체장이 요구하는 각종 개발 사업, 광역철도 등을 예타를 면제하거나 아예 무시하고 추진했어요. 올해 초에 생활형 사회간접자본 지자체 예산만 58조 원을 잡아줬습니다.

과거 정부들이 선거마다 공약을 남발하고 검토 절차를 제대로 거치지 않고 무리한 사업을 진행해 국민 세금을 낭비했지요. 그 결과 1997년 외환위기 같은 경제위기를 겪었고, 이를 교훈 삼아 국가 부도를 막고자 김대중 정부가 도입한 게 예타 정책입니다. 이걸 무시하는 것은 김대중 정부를 무시하는 것과 같습니다.

3기 신도시는 무려 150조 규모의 사업인데 예타는커녕 모든 절차를 생략하고 추진하고 있습니다. 용산 미니 신도시, 잠실야구장 스포츠·마이스(MICE, 회의·포상여행·컨벤션·전시/이벤트) 등 최근 집값을 폭등시킨 개발 사업과 개발 계획 역시 예타를 면제하거나 아예

## MB 보고 토건 정부라더니… 삽질은 문재인 정부가 더 많이 했다!

**이명박 정부** 예타 면제 사업 총액 **60조**(4대강 22조 포함)

•계산 단순화를 위해 사업 완료 이후에 발생한 4대강 유지 관리 비용과 환경부 수질 개선
사업, 훼손된 습지의 가치 등은 포함시키지 않았음

**박근혜 정부** 예타 면제 사업 총액 **24조**

**문재인 정부** 예타 면제 사업 총액 **103.5조**(3년간)

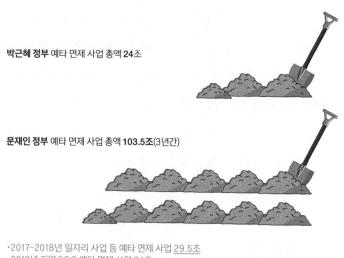

•2017~2018년 일자리 사업 등 예타 면제 사업 <u>29.5조</u>
2019년 지역 SOC 예타 면제 사업 <u>24조</u>      →   103.5조
도시재생 뉴딜사업(예타를 무시하고 추진) <u>50조</u>

3기 신도시 **150조** 투입 예상
한국판 뉴딜 SOC <u>30조+α</u>

김헌동의 부동산 대폭로, 누가 집값을 끌어올렸나

무시하고 추진될 것 같아요. 역대 정권 중에 가장 친토건적이고 친재벌적이라고 해도 과언이 아닙니다. 정부와 경제 주체들이 수백조를 토건 사업에 쓰는데 대통령은 '자기 임기 중에는 인위적인 건설 경기 부양은 안 한다'고 말합니다. 이게 인위적인 건설 경기 부양이 아니면 도대체 뭡니까.

임기도 못 마치고 탄핵당한 대통령을 배출한 한심한 제1야당 덕분에 정부와 여당이 아직도 일정 수준의 지지를 받고 있습니다만, 이는 국민 전체로 볼 때는 불행이고 어린아이들이나 앞으로 태어날 후손들에게는 재앙에 가까운 일입니다. 부동산 문제, 주택 문제는 결혼 연령의 상승, 결혼 기피, 출산 기피로 이어지고 미래 세대가 세상에 태어날 기회조차 박탈합니다. 불로소득으로 집값을 폭등시켜 국민이 겪는 고통이 훨씬 큰데 저출산 문제를 해결한다고 육아비 10만 원, 20만 원을 지원해서 무슨 실효성이 있겠습니까.

## 투기꾼들을 위한 '신규 공급', 이런 식으로는 3기 신도시도 실패한다 ─────

안진이 　집값 폭등이 3년째 계속되니 공급론이 자꾸 나옵니다. 개발 세력들은 틈만 나면 그린벨트를 풀어라, 재건축·재개발 규제를 완화하라는 요구를 하고 있어요. 신규 공급이 문제 해결에 도움이 될 수 있나요?

**김헌동** 우리나라에는 주택이 2200만 채 정도 있습니다. 가구는 1인 가구를 포함해서 2000만 정도지요. 가구보다 집이 더 많아요. 자기 이름으로 집을 가진 사람이 1300만 명쯤이지요. 그러면 2200만 채 중에 900만 채는 집을 이미 가진 사람이 더 가지고 있는 셈입니다. 그중 도시에 있는 집이 700만 채 정도고, 거기서 등록임대 및 공공임대 200만 채를 빼면 500만 채는 개인이 가지고 있다는 결론이 나옵니다. 이 500만 채 물량 중 200~300만 채 정도가 시장에 나오게 하는 것이 중요한 '공급'입니다.

그런데 집값이 폭등하면 나와야 할 주택이 시장에 나오질 않습니다. 20년 주기로 주택을 사고판다고 가정하면 매년 100만 채의 기존 주택이 거래되어야 합니다. 그런데 집값이 계속 큰 폭으로 상승하면 집을 보유한 사람이 집을 내놓지 않고 전세 또는 월세로 계속 임대를 돌리게 됩니다. 그리고 매년 50만 채(아파트 30만 채+다가구·단독 등 20만 채) 규모의 주택이 새로 공급됩니다. 신규 주택은 기존 주택을 부수고 다시 짓는 주택과 신도시 또는 공공보유 택지 등에서 공급되는 주택이 있습니다. 기존 주택 100만 채와 새로 공급되는 주택 50만 채는 가격이 안정적일 때 시장에서 정상 거래됩니다. 그러나 지

### 문재인 정부 3년간 다주택자 사재기 물량은 어느 정도 규모일까?

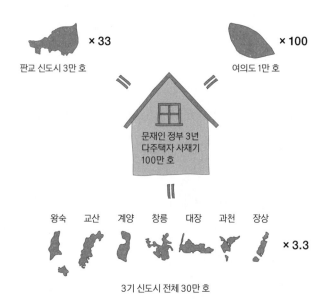

판교 신도시 3만 호 ×33

여의도 1만 호 ×100

문재인 정부 3년 다주택자 사재기 100만 호

왕숙 교산 계양 창릉 대장 과천 장상 ×3.3

3기 신도시 전체 30만 호

금처럼 집값이 폭등하면 기존 주택 매물이 줄어듭니다. 집을 팔겠다는 사람이 없지요. 그러나 신규 주택의 공급은 늘어날 것입니다. 잘 팔리기 때문이지요.

가면을 쓴 엉터리 학자들이 날마다 수요, 공급을 이야기합니다. 새로 짓는 것만 공급이라면서 재건축 규제를 풀라고 합니다. 생각해보세요. 이명박 정부 때는 공급이 많아서 집값이 하락했나요? 박근혜 정부 때는 최경환 부총리가 돈을 빌려줄 테니 제발 집을 좀 사라고 했어요. 그때는 공급이 남아돌아서 그랬나요? 이런 엉터리 전문가의 논리를 깨기 위해 제가 다시 시민운동에 뛰어든 겁니다.

어떤 사람들은 돈이 많이 풀려서 집값이 오른다고 해요. 그러면 이명박, 박근혜 때는 돈이 안 풀렸나요? 집값이 오르니까 돈이 몰리는 겁니다. 아파트값이 떨어지면 누가 돈을 빌려다 집을 삽니까? 무이자로 빌려줘도 집값이 하락해서 주변에 손해를 본 사람들이 많고, 실제 손해를 보는데. 10억짜리 집이 한 달에 1억씩 떨어지고 있다면 누가 사겠어요?

2018년에 분석해보니 지난 10년 동안 새 주택 500만 호가 공급됐습니다. 그런데 270만 호는 집을 가진 사람이 또 샀어요. 2019년 국정감사 자료를 보면 상위 30명이 1만 1,000채의 집을 갖고 있어요. 1명이 367채를 가지고 있는 꼴입니다. 자산 기준으로 상위 1%, 14만여 명이 94만여 채를 갖고 있습니다. 10여 년 전인 2008년에는 11만 명이 37만 채를 갖고 있었어요. 그러니까 (본인들 거주하는 집을 빼고 계산해보면) 지금 상위 1%가 지난 10년 동안 약 54만 채를 새로 사들인 겁니다. 상위 10%는 450만 채를 가지고 있는데, 지난 10년 동안 그 사람들은 200만여 채를 샀어요.

분양 시스템과 공급 시스템, 개발 시스템(구도시와 신도시 등)이 고장 난 상태에서, 재벌과 공급자인 건설업자에 일방적으로 유리한 상태에서 집을 아무리 더 지어봐야 이미 집을 가진 사람들과 투기꾼들

배만 불립니다.


## 조작된 통계만 보고 받은 대통령 ————————


⬭안진이    공급이 유의미한 해결책이 되려면 구조 개혁이 선행되어야 하겠네요. 다음은 2019년 11월 19일에 생중계된 〈국민과의 대화〉 이야기입니다. 이날 문재인 대통령은 "전국적으로 부동산 가격이 하락하면서 안정화되고 있다"라고 말했고, 방송을 시청하던 국민들은 큰 충격을 받았습니다. 〈국민과의 대화〉를 보면서 어떤 생각을 하셨나요?


●김헌동    제가 2019년부터 서울 아파트값이 오르는 원인이 무엇이고 문제가 무엇인지에 관해 반복해서 기자회견을 했습니다. 작년에만 20차례 정도 했어요. 그런데 작년 11월 19일 〈국민과의 대화〉에서 대통령이 "현 정부 들어 대부분의 기간 동안 부동산 가격을 잡아왔다", "부동산만큼은 자신 있다"라고 말했습니다. 국민이 질문하는데, 집값이 폭등하고 전세가도 폭등하고 살기가 힘들어졌다고 호소하는데 대통령은 전혀 엉뚱한 답변을 하시더군요.

저는 그날 대통령의 발언을 듣고 이런 생각을 했습니다. '과거 참여정부 때도 관료들이 대통령을 속였다더니 이번에도 마찬가지구나.' '대통령은 잘 모를 수도 있겠다. 청와대 참모와 관료 들이 문재인 대통령을 속이고 있구나.'

2019년 11월 관료들은 대통령에게 "지난 30개월 전국 집값은 4% 올랐고 서울 집값은 10% 올랐다지만 국지적인 현상이다"라고 보고했어요. 그때까지 17번 대책을 내놓았는데, 집값이 30개월 동안 10%만 올랐다고 했습니다. 도저히 이해가 안 되지요. 2년 반 동안 10%면 1년에 4% 오른 거잖아요. 4%, 4%, 2%. 그런 수치를 보고 받았다면 대통령은 '잘하고 있구나' 생각했을지 모르겠어요.

집값이 폭등해서 문제라고 대통령 주변에서 알려주는 사람이 없었다는 겁니다. 참모, 가족, 친구, 친지 모두 아파트값에 불만 없는 부자들만 있나요? 어디 물어볼 데도 없나요?

답답한 마음에 우리가 〈누가 대통령과 국민에게 거짓 보고하나?〉라는 보도자료를 내고, 대통령이 잘못된 발언을 했다는 것을 알려주기 위한 기자회견을 했습니다.

안진이 〈국민과의 대화〉에서의 대통령 발언을 계기로 일종의 폭로전을 시작하신 거군요. 오랫동안 아파트값 변동 실태를 지켜보셨으니 정부 통계를 보면 맞는지 틀렸는지 가늠하실 수 있지요?

**김헌동**　경실련은 1989년부터 서울 아파트값 시세 변동 자료를 챙겨왔어요. 1999년 서울 강남에 타워팰리스를 평당 900만 원에 분양했는데 60%가 미분양이었습니다. 강남 전역에 주상복합 등 소위 고급 아파트 30평대가 3억임에도 미분양으로 쌓였지요. 은마아파트 같은 오래된 30평대 아파트는 2000년에 2억쯤 했습니다. 앞에서 말했습니다만, 그 은마아파트가 2003년 노무현 대통령이 취임할 때 4억이었는데 2003년 10월 6억으로 뛰었습니다. 임기 말 14억이 됐어요. 5년 동안 10억을 올려놓은 겁니다. 이명박 정권과 박근혜 정권을 지나면서 2015년 말에는 11억으로 떨어졌습니다. 2014년경 8~9억까지 내려갔어요. 그런데 문재인 정부 3년 동안 22억이 되었습니다. 10억이 넘게 다시 오른 겁니다.

경실련은 먼저 대통령이 임명한 청와대 정책실장, 비서실장 등 1급 이상 참모들이 보유한 아파트부터 분석했어요. 고위 공직자들이 보유한 아파트 가격이 실제로 얼마나 올랐는지 대통령이 알아야 할 것 같아서요. 30개월 동안 그들이 가진 아파트는 평균 4억 정도, 38~42%가 올랐습니다. 장하성 주중 대사의 집값은 10억 원, 김수현 전 실장 집도 10억 원, 김상조 청와대 정책실장 집은 5억 원, 조국 전 민정수석 집은 6억 원이 올랐습니다. 김의겸 전 청와대 대변인은 그 와중에 대출을 잔뜩 받아 재개발 예정지에 부동산을 사서 나중에 상가도 받고 아파트 입주권도 받는 투자 또는 투기를 했지요.

## 2. 실수요자 중심으로 주택 정책을 추진하였습니다

### 실수요자 중심의 안정적 시장 관리

☐ 주택 시장을 안정적으로 관리 중입니다.

○ 8·2대책('17), 9·13대책('18) 등 국지적 과열에 대응한 결과, 전국 주택가격은 예년에 비해 비교적 안정적인 상황을 유지 중이며,

○ 과열 양상을 보이던 서울 주택가격은 지난해 11월 2주부터 '13년 이후 최장 기간인 32주 연속 하락

【 전국 월간 주택가격변동률(%) 】

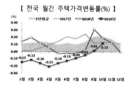

【 서울 월간 주택가격변동률(%) 】

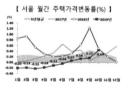

☐ 시장 불안 요인에 대해서는 적극 대응 중입니다.

○ 저금리 기조 하에 풍부한 유동성 등 상승 요인이 상존하는 상황에서 올해 7월 서울 집값이 상승 전환했으나, 시장 불안 최소화 노력

- 실수요자의 내 집 마련 부담 완화 및 주택시장 안정을 위해 서울

대체 어떤 보고를 받고 있었기에 대통령이 "집값이 안정화"되고 있다는 발언을 할 수가 있나 싶어서 국토부 자료를 찾아봤다. 〈국민과의 대화〉 직전인 11월 8일에 국토부가 발표한 〈2년 반 중간평가와 새로운 출발〉이라는 보고서가 눈에 띄었다. 이 보고서는 "공시가격 현실화로 공평과세 기반을 마련하고, 실수요자 중심의 주택정책 추진으로 주택시장을 안정적으로 관리 중"이라고 자화자찬식 평가를 한다. 희한하게도 국토부 관료들은 집값이 폭등하지만 않으면 안정이라고 주장한다. 국토부가 상황 인식조차 제대로 하지 못하는 무능력한 집단이거나, 고의로 현실과 다른 통계를 내세워 국민을 우롱했거나 둘 중 하나일 것이다.

청와대 참모 65명 중 37%가 다주택자였고, 재산을 많이 증식한 상위 10명을 추려봤더니 집값이 평균 57%나 올랐습니다. 문재인 대통령이 직접 임명한 사람들의 집값이 이렇게 많이 올랐는데도 10% 상승이라고 말할 수 있느냐, 청와대에 알렸습니다.

청와대 참모들이 가진 집만 50% 올랐을까요? 아닙니다. 경실련이 확보한 표본이 8만 가구입니다. 8만 가구의 아파트값이 30년 동안 어떻게 변했는지 가격을 조사한 자료, 30년 동안의 시세 자료를 다 가지고 있습니다. 우리 자료에 따르면 서울 전역이 지속적으로 상승했습니다. 11월 19일 〈국민과의 대화〉가 진행된 시점까지 서울 아파트값은 38%가 올랐어요.

뒤이어 경실련은 전국 땅값이 2000조 상승했다는 내용의 기자회견을 했습니다. 그랬더니 국토부에서는 한국은행 자료를 제시하면서 1000조인데 왜 2000조라고 하냐면서 먼저 공개 토론을 제안하더군요. 그런데 실제로는 진행되지 않았어요.

종합하면 대통령의 눈과 귀를 가리는 세력이 있다는 겁니다. 언론도 정확한 실태를 제공하지 못하고 있습니다. 문재인 정부 들어 집값이 많이 오른 것은 맞는데, 얼마나 올랐고 무엇이 원인인지 제대로 알려주는 곳이 없습니다. 국민의 소득이 늘어나서 오른 걸까요? 아닙니다. 그냥 대한민국의 서울 중심에서, 수도권과 지방 대도시에서 아파트값만 오르고 있습니다. 이런 사실을 대통령은 모르고 있었거나 알면서 모른 척하고 있었지요. 참모와 관료 들이 제대로 보고하지 않으니까요. 2019년 말까지 저는 그렇게 생각했습니다.

〈참고〉 **〈국민과의 대화〉 중(2019. 11. 19.)**

**대통령** "저는 부동산 문제는 우리 정부에서 자신이 있다고 장담하고 싶습니다. … 그래서 대부분의 기간 동안 부동산 가격을 잡아왔고요. 그리고 전국적으로는 부동산 가격이 오히려 하락했을 정도로 안정화되고 있습니다."

**워킹맘** "저는 서울에 거주하고 있는 아기 엄마 워킹맘입니다. 전국 집값 안정화 추세라고 하셨지만, 서울만 보면 그렇지가 않습니다. 전월세보다는 내 집 하나 마련하는 것이 서민들의 꿈이자 목표인데 내 집을 서울에서조차 마련하기 어렵게끔 대통령님 임기 동안 아파트값이 오른다고 생각합니다. 그 한 채를 갖기 위해서 다주택자들이 많이 놔주셨으면 합니다. 양도세 부담으로 내려놓지 않는 분들도 있다고 생각하고요. 보유세를 높이고 양도세를 낮춰서 다주택자가 가지는 주택을 줄이면서 무주택자가 자기 집 한 채 가질 수 있게끔 하는 정책을 생각하고 있는 게 있는지 궁금합니다."

**대통령** "양도소득세는 1가구 1주택의 경우 면세가 되기 때문에 실수요자의 주택 취득에 방해가 될 것 같지는 않습니다. 아까 부동산에 대한 가격이 올라가는 것을 막겠다는, 규제에 중점 두고 말씀드렸지만, 여전히 공급 늘리는 것도 중요하다고 생각합니다. 수도권 30만 호, 3기 신도시를 포함해서 공급을 늘리는 정책을 하고 있습니다. (신혼부부, 청년, 1인 가구 이야기를 한참 하다가) 보유세, 양도세는 말씀하신 것을 잘 참고하겠습니다."

## 시민들의 분노는 당연하다

안진이 — 이제 2020년으로 넘어갑니다. 코로나 사태 이후 실물경제가 추락하면서 부동산 시장도 정상화의 징후가 나타나고 있었습니다. 일부 지역은 실제로 하락이 시작됐고요. 경제성장률이 마이너스로 떨어질 것이 예상되고 실업 대란이 발생하는 상황에서 집값도 하락하는 것은 지극히 정상적인 일이지요. 그런데 집값이 다시 오름세로 돌아선 이유가 뭘까요?

김헌동 — 2020년 3월, 4월에는 총선과 코로나19 팬데믹 등이 겹쳐 실제로 집값이 주춤했고, 일부 지역은 하락하고 있었어요. 감정원도 서울 아파트값이 약간 떨어졌다고 발표했고요.

그런데 5월 6일 갑자기 국토부 박선호 차관이 용산 미니 신도시 개발과 공기업까지 참여하는 서울 도심 재개발 공공참여 계획을 발표했습니다. 서울시 내의 재개발이 잘 안 되는 지역과 준공업지 등을 공기업이 들어가서 직접 개발해주겠다고 발표하니까 바로 다음 날부터 용산, 마포, 여의도 등지의 아파트값이 뛰었습니다.

한 달 후인 6월 초에는 잠실야구장을 이전하고 그 자리에 호텔 등을 짓는 마이스 개발 민간 참여 계획이 발표됩니다. 송파구, 강남구 일대 아파트값이 들썩거렸지요.

2020년 5월, 6월에 서울 아파트값 등 집값이 뛰도록 만든 것은 누구입니까? 이건 국토부와 기재부 등에서 발표한 대책이나 흘린 개발 정보 때문입니다. 대통령이 임명한 고위 공직자들이 아파트값을 자극해서 폭등하도록 만들었지요.

정부가 아파트 시장에 불을 질러놓고 6월 17일에 또 대책을 발표했습니다. 용산과 마포, 송파구와 강남구 등 정부가 아파트값을 오르도록 자극한 지역에서 아파트를 사려면 정부의 허가를 받으라는 겁니다. 아니, 집 한 채 사는데 왜 정부 허가를 받습니까? 정부가 발표한 개발 계획 때문에 집값이 올라갔습니다. 송파구, 강남구 사람들이 갑자기 가격 담합을 해서 집값이 폭등한 게 아닙니다. 그 동네에 집을 가지고 있는 사람들이 뭘 잘못했나요? 누구를 위해서 무슨 생각으로 만든 대책인지 모르겠습니다. 거꾸로 해석하면 '와, 저 동네는 관심 지역이네'가 됩니다. 돈 없는 사람은 못 사고, 돈 있는 사람에게는 더 큰 기회가 됩니다.

이렇게 나라가 온통 시끄러워지니 7월 초 대통령이 국토부 장관을 청와대로 불러들여 세제 강화 등 추가 대책 마련을 지시합니다. 왜 국토부 장관을 불러 세제 대책 마련을 지시했을까 궁금했어요. 세제 대책은 기재부 장관에 지시했어야 정상입니다. 게다가 국토부 장관은 국회에 나와서 부동산정책이 종합적으로 잘 작동하고 있다고 말했어요. 자신들이 투기를 부추겨서 서울 집값이 잔뜩 올라가고 있고 더 올라갈 것 같은데 말입니다. 집값 폭등을 책임져야 할 장관에게는 그 무엇을 지시한다 해도 국민이 믿음을 주지 않을 것이고 시장도 신뢰하지 않을 것입니다. 그런데 대통령은 국토부 장관을 불러 지시했습니다. 이런 게 누구의 머리에서 나왔는지 궁금했지요.

떠들썩한 며칠이 지나고 2020년 7월 10일 정부의 세제대책이 발표되었고, 국회는 거대 여당의 힘으로 법안을 처리했습니다. 그리고 그린벨트 해제와 행정수도 이전 등으로 시끄럽더니 알맹이 없는 공급 대책을 8월 4일에 발표합니다.

공급확대를 담은 8.4대책은 5.6대책의 연장으로 별 내용이 없습니다. 이름만 '공공'이 들어가는 '공공 재개발'에 분양가상한제 면제 특혜 등을 주겠다고 하니 강북 지역의 빌라가 투기 상품이 되면서 값이 또 뛰고 있습니다. 강남은 눈치 보고 있겠지요.


⟨안진이⟩ 지금까지 문재인 정부 3년 동안 무슨 일이 벌어졌는가를 살펴봤습니다. 이대로 간다면 남은 임기 동안 상황이 더 나빠질 가능성이 높습니다. 절망하고 있는 시민들에게 어떤 말씀을 해주시겠습니까?

**김헌동** 대통령은 임기 절반이 지나던 30개월 시점까지 집값 폭등 사실을 몰랐고, 참모와 관료는 부동산 가격이 오르지 않았다는 조작된 통계에 따라 엉터리 보고만 반복해온 겁니다.

부동산과 주택정책은 국토부 관료 2~3명, 기재부 1~2명, 청와대 경제수석, 비서관 2명, 정책실장 등 10여 명이 주도해서 만듭니다. 최종 결정은 청와대 2명, 국토부와 기재부 2명씩 4명, 여당 2명 등이 해왔습니다. 국토부 장관은 정치인 출신으로 부동산 실태와 문제 해결 방법을 잘 모릅니다. 국토부에서 20년 넘게 일한 관료에 의존할 것입니다. 기재부 장관은 관료 출신을 임명했습니다. 김동연과 홍남기 모두 청와대를 능가하는 언변과 논리를 보유했을 것입니다. 청와대 수석 중 외부에서 들어간 김수현, 장하성, 김상조는 실무를 모릅니다. 관료에 의존하거나 관료와 거래를 할 것입니다. 정부와 여당 정치인은 몇 번 형식적인 논의를 하지만, 최종 발표 직전 당정 협의 절차는 이미 결정이 완료된 상태에서 이뤄질 뿐입니다.

관료가 주도한 23번의 부동산정책, 주택정책은 모두 실패했습니다. 그런데 관료가 통계를 조작해서 서울 집값 상승률은 11%이고, 아파트는 14%라고 말합니다. 심각한 상태가 아니라는 것이지요. 대통령은 홍남기를 칭찬합니다. 김현미에게 신뢰를 보냅니다. 김수현을 믿는 듯합니다. '국민을 속여도 좋다. 지지율에 큰 영향만 없으면 된다.' 지난 3년은 이렇게 거짓과 조작으로 시간을 보냈던 것입니다.

문재인 정부 청와대와 장관 등은 출범할 때부터 가격 상승은 없다, 부동산 투기는 끝났다고 주장했습니다. 김현미 국토부 장관은 아파트는 '돈'이 아니라 '집'이라고 했어요. 장관 취임 직후에는 2018년 4월까지 8개월의 시간을 줄 테니 사는 집 말고는 팔라고 했어요. 그래놓고 정책은 반대로 갔지요. 투기의 꽃길을 열어줬습니다. 주택임대사업자에게 취득세, 재산세, 양도소득세, 종부세를 면제하거나 깎아주니 너도나도 집을 사려고 해서 투기가 기승을 부렸습니다.

그렇게 투기판을 깔아놓은 다음에 대책이라고 할 수도 없는 수준의 정책만 정부가 발표했습니다. 특혜를 줬다가 일부 줄였다고 해서 투기 수요가 잠재워지지는 않아요. 투기 세력은 돈이 된다고 판단하면 정부의 정책 방향이 더 큰 거품을 유발할 것인가를 판단해서 움직입니다. 집값의 80%까지 대출해주다가 지금 대출의 일부를 줄이겠다, 그런 건 규제라고 말할 수도 없어요. 대책 발표 일주일 만에 오히려 집값이 더 뛰는 거 보세요.

문재인 정부 3년 동안 집값을 잡겠다, 잡겠다 하면서 국민이 기대하도록 만들었는데 결과는 반대였어요. 그런데 지금도 14% 올랐다고 국토부 장관이 말하고 있지요. 관료와 정부가 가짜 통계를 가지고 마치 집값이 별로 안 오른 것처럼 거짓을 발표합니다.

그런데 누구도 이 내용을 검증하지 못합니다. 정부 관료들이 통계법을 이유로 근거를 공개하지 않기 때문이지요. 그러니 국민이 더

화가 나는 겁니다. 50% 이상 오른 집이 주변에 널려 있고, 친구가 산 집, 동창이 산 집이 2배, 3배가 올랐다, 5억, 10억 올랐다고 들었고, 직장 동료가 산 집이 50%, 60% 올랐다는데 문재인 정부만 14% 올랐다고 하니까요. 진실을 알게 되면 당연히 더 화가 날 겁니다.

저는 사실을 정확하게 많이 알려서 시민들이 더 화가 나게 할 것입니다. 더 분노해야 합니다. 분노만 할 것이 아니라 이제는 행동으로 옮겨야 합니다.

### 〈시민 발언대〉 우리가 분노하는 이유

"무주택자는 집 사기가 더 힘들어졌고, 유주택자는 세금이 더 나가고. 한번도 경험해보지 못한 나라!"

– 네이버 댓글(ID inco****)

"대통령께서 임기 초기로 집값을 돌려놓겠다, 불로소득은 없다라고 하신 말씀을 민주당에서도 안 믿고 집을 증여하거나 1년 6개월 뒤에 살 집을 지금 사는 데 영끌한 30대가 오히려 똑똑한 것 아닌가요?"

– 국민청원 게시판에 달린 댓글(아이디 비공개)

"평생 부동산 투기는 죄악이라고 생각하고 살아온 것이 뼈저리게 후회됩니다."

– 네이버 카페 '집값정상화시민행동'에 올라온 댓글(닉네임 '오두막')

"요즘 아이들 장래희망이 건물주랍니다. 도대체 이게 진정 제대로 되어가는 사회입니까? 이렇게 부동산 투기꾼들이 판치는 사회, 불로소득이 당연시되는 사회에서 누가 과연 젊은 세대에게 그리고 아이들에게 열심히 노력하고 일해서 자기 개발을 하고 꿈을 가지라고 떳떳이 얘기하겠습니까? … 고가 주택 다주택 보유세를 선진국 수준으로 올리지 않는 한 답이 없습니다."

– 네이버 카페 '집값정상화시민행동'에 올라온 댓글(닉네임 '이제는우리가')


"무주택 서민들이 집값 폭등으로 고통받고 있는데 정부는 왜 다주택 투기자들 눈치만 보면서 핵심 지지층인 무주택 서민들의 고통은 외면합니까!!!
집값 취임 전 수준으로 정상화 못 시키면 더 이상 지지 못해요. 민심 다 돌아선다구요."

– 네이버 카페 '집값정상화시민행동'에 올라온 댓글(닉네임 '둥실둥실123')


"대통령이 나서서 부동산 투기 없는 세상을 만들겠다고 해놓고 내놓은 대책이 부동산 투기의 주범인 다주택자들에게 그들의 투기 이익을 거의 전부 보장하는 세금 혜택을 주는 것은 도대체 무슨 해괴한 일인가요?
부동산 투기의 주범인 다주택자들이 부동산으로는 더 이상 이익을 얻을 수 없다는 사실을 똑똑히 각인시켜주어야 지금의 이 망국적인 부동산 투기를 잠재울 수 있을 겁니다."

– 네이버 카페 '집값정상화시민행동'에 올라온 댓글(닉네임 'oe33')

문재인 정부의 정책이 투기를 조장했다. 아니, 정부가 투기 세력을 양성했다고 해도 틀린 말이 아니다. 그런데 투기 세력은 누구를 말하는 것인가.

'투기꾼'이라고 하면 우리는 버스를 타고 돌아다니면서 수억 원짜리 집이나 땅을 사들이는 사람들 무리를 떠올린다. 하지만 김헌동 본부장은 투기의 '몸통'은 개인들이 아니라고 시종일관 강조한다. 진짜 몸통은 재벌이다. 진짜 큰 부동산은 재벌이 가지고 있다. 재벌이 땅값을 올리고 천문학적 불로소득을 거둬들인다. 그리고 재벌의 이해관계에 맞게 정책을 주무르는 역할을 관료들이 한다. 2부에서는 투기의 '몸통'인 재벌과 관료에 관한 이야기를 집중적으로 나눈다.

2부

# 누가 집값을
# 끌어올리나?

투기의 몸통, 재벌과 관료

안진이 ▷ 1부에서 통계 이야기를 잠깐 했습니다. 토지와 주택 통계가 엉터리인 이유는 무엇인가요? 정부에 제대로 된 통계가 정말 없는 건가요, 아니면 통계를 가지고 있는데 숨기고 왜곡하는 건가요?

김헌동 ▷ 경실련이 지난 6월 23일 '3년간 서울 아파트값이 52% 상승'했다고 발표했더니, 국토부는 14.2%라고 해명했습니다. 경실련은 평균 6억 원이었던 서울 아파트값이 3억 원씩 올랐다고 했고, 반면 국토부는 8500만 원만 올랐다고 합니다. 국토부의 발표가 사실이라면 왜 23번이나 대책을 남발하면서 국민을 피로하게 만들었는지 모르겠습니다.

2019년 대통령의 〈국민과의 대화〉 이후에도 경실련은 자체적으로 서울 아파트 8만 가구(강남·강북 34단지)를 조사해서 문 대통령

재임 30개월 중 26개월 동안 아파트값이 꾸준히 상승했으며 서울 아파트값은 약 38% 올랐다고 발표했습니다. 그러자 다음 날 '부동산 114'도 문재인 정부 30개월 동안 실거래된 서울 아파트값을 전수조사한 결과 40.8% 상승했다고 발표했습니다. 이때 국토부는 상승률이 10%라고 발표했어요. 큰 차이입니다.

우리는 문재인 정부 3년 동안 땅값이 얼마나 올랐나를 계산해봤습니다. 아파트값이 오르면 땅값도 오르거든요. 3년 동안 땅값 상승분을 계산해보니 약 2000조 원(정확히는 2054조 원)이어서 그것을 또 알렸습니다. 한국은행도 토지자산총액을 계산해서 발표하는데, 3년 동안 1000조 원(정확히는 1076조 원)이 상승했다고 했습니다. 그런데 국토부는 공시지가 합계가 500조 원도 안 올랐다는 엉터리 수치를 발표했어요. 그래서 우리가 나선 겁니다.

경실련은 2000조, 한국은행은 1000조, 국토부는 500조. 경실련 발표 다음 날 국토부가 먼저 토론을 해보자고 해서 '좋다'고 했는데, 공개 토론이 아닌 '몰래 토론'을 하자는 겁니다. 그래서 밀실 토론은 안 된다고 했지요. 그랬더니 또 무슨 교수와 토론을 하라는데, 저는 '정책 결정권자가 나와라, 대통령이 못 나오면 장관이라도 나오라'고 요구했습니다.

국토부는 매년 예산을 1800억 원이나 투입해 공시지가를 조사하지만, 그 세부 내용과 근거는 전문적 판단 영역이라며 밝히지 않습

2부 누가 집값을 끌어올리나?

니다. 근거를 제시하면 조작이 들통 나니까 숨기는 것 같아요. 한국은행은 따로 예산을 투입하지는 않지만, 국민 세금으로 운영되는 기관이지요. 경실련은 국민 세금은 한 푼도 안 받습니다만 무엇을 발표할 때마다 구체적인 근거를 제시합니다. 어느 지역 어디 땅값이 올랐는지 구체적으로 밝혀요. 2019년에도 경실련은 1만 2,000곳의 토지와 6만 가구 정도의 주택 표본을 가지고 실거래가를 조사해 발표했어요. 그러나 국토부는 한 번도 '시세'를 밝힌 적이 없습니다. 국민 세금을 사용해서 외부 전문가들이 조사한 시세 자료가 있을 텐데 왜 경실련 주장을 반박하면서 국토부 자료가 아니라 한국은행 자료를 인용했는지도 이해가 안 됩니다.

이번에만 그런 것이 아니라 10년 전, 15년 전의 통계도 마찬가지였습니다. 2005년에 정부는 공시지가를 시세의 91%로 해서 시세반영률 현실화율을 높였다고 발표했습니다. 그때부터 경실련은 땅값, 집값 정부 통계가 거짓이라고 보고 자체 조사 자료를 공개해왔습니다. 그리고 국토부에 질의도 했습니다. 2005년 당시 한국은행 자료는 국토부 자료를 활용하고 있었어요. 그래서 제가 한국은행을 찾아가서 "당신들 자료는 틀렸다. 국토부 자료가 엉터리기 때문에 국토부 자료를 기초로 통계를 내면 잘못된 결과가 나온다"라고 말했지요. 그 후 언제부터인가 한국은행은 국토부 자료를 그대로 쓰지는 않습니다.

52% vs 14%, 2000조 vs 500조.

근거 제대로 제시 못 하는 국토부 공시지가는 엉터리 ──────

안진이 ▷ 2000조 원, 1000조 원, 500조 원은 차이가 굉장히 큽니다. 경실련이 집계한 수치와 국토부 수치가 왜 이렇게까지 차이가 날까요?

김헌동 ▶ 가장 큰 이유는 공시지가와 실거래가의 비율 판단에 있습니다. 경실련은 공시지가의 실거래가 반영률을 43%로 계산했고, 국토부는 65%라고 주장하는 것이 핵심 쟁점이에요. 이런 사례가 많습니다. 표준지 공시지가의 경우 전국에서 가장 비싼 서울 명동의 네이처리퍼블릭 부지가 1m²당 공시지가 1억 9900만 원이에요. 하지만 그 주변에서는 2018년부터 평당 10억 원에 거래가 이뤄지고 있습니다. 네이처리퍼블릭 부지 소유자는 연간 임대료 수입만 30억 원에 달해요. 하지만 공시지가가 시세를 반영하지 못하기 때문에 보유세는 2억 1000만 원 정도밖에 안 냅니다. 대한민국 땅의 50% 이상을 재벌과 극소수 건물주 부동산 부자가 보유하고 있습니다. 그들은 지난 30년, 특히 종부세가 도입된 2005년 이후 15년 동안 막대한 세금 특혜를 누리고 있어요.

경실련은 참여정부 집권 시기인 2005년에도 자체적으로 추산한 땅값 총액을 발표하고 공시지가의 문제점을 지적했다.

안진이 　지가를 산정하는 작업이 여러 가지로 어렵다고 치더라도, 아파트처럼 실거래가를 파악하기가 쉬운 경우에도 경실련과 국토부의 주장이 크게 엇갈리는 것은 의아한 일입니다. 3년간 서울 아파트값이 얼마나 올랐는지도 계산해서 발표하셨고, 국토부가 이에 대해 반박을 했지요?

김헌동 　경실련은 주장의 근거를 모두 공개합니다. 올해 6월에 3년간 서울 아파트값이 52% 상승했다고 발표할 때 우리 자료를 안 믿는다고 할 것 같아 KB국민은행 자료KB시세를 인용했습니다. KB국민은행은 주택은행 시절인 1970년대부터 주택가격 통계를 작성한 기관입니다. KB시세는 경실련 자체 조사와 비슷하게 나왔습니다. 사실 아파트값의 경우 이곳저곳에서 가격과 시세를 조사한 결과가 다 비슷한데 국토부 자료만 다릅니다.

국토부에서는 감정원 자료를 활용했다고 말합니다. 그런데 감정원이 발표하는 통계가 하나가 아닙니다. 실거래가 지수, 중위가격, 매매가격 지수 등이 따로 있어요. 사실 지수가 세 가지나 있는 것도 이상한 일입니다. 하나로 통일했어야지요.

국토부는 감정원 통계 중에서 시장 상황에 맞지 않는 〈주택가격 동향조사〉의 '매매가격 지수'만을 인용한 것으로 보입니다. 이 통계로는 3년간 서울 아파트값이 14.2% 상승했다는 겁니다. 그러나 산출 근거 등은 "통계법 제31조 제3항 제1조 및 공공기관의 정보공개에 관한 법률 제9조 제1항 제6호 본문에 따라 비공개 대상으로 자료 제공이 불가하다"라고 합니다. 아예 근거를 제시하지 않지요. 공개하지 않으니까 뭘 근거로 주장하는지 아무도 몰라요.

자, 52%(경실련), 14%(국토부)라는 주장이 있습니다. 52%는 근거가 공개되어 있고 14%는 공개하지 않으니까 아무도 모릅니다. 김현미 장관, 박선호 차관, 김수현 실장, 이렇게 셋만 돌려본 자료인가요? 대통령은 봤는지 모르겠네요. 이런 통계를 어떻게 믿으라는 겁니까?

경실련이 국토부에 공문을 보냈습니다. 답변은 2020년 7월 14일에 받았습니다. 문재인 정부 3년 동안 52%의 상승률을 14%라고 하는데, 그럼 이명박 −3%와 박근혜 상승률 29%, 과거 정권 합계 26%는 맞다는 건지, 아니면 그것도 틀렸다는 건지에 대해 물었더니 이명박 때는 9.2% 하락했고, 박근혜 때는 11.9% 올랐다고 답했습니다. 결국 과거 정권에서는 26%가 아니라 2.7% 상승했다는 답을 보내온 겁니다. 이 자료를 정리하면 과거 정부는 연평균 0.3% 상승이고, 문재인 정부는 연평균 4.7% 상승으로 15배 차이가 납니다. 이전 정권보다 15배 빠른 속도로 아파트값을 올렸다고 인정한 거나 다름없지요. 그러나 언론도 (근거를 확인할 수도 없었겠지만) 그냥 '경실련은 52%, 국토부는 14%', 기사를 내보내고 끝. 이런 일의 반복입니다.

청와대와 여당은 가짜 뉴스가 나온다고 불만을 표시합니다. 그런데 실제로는 청와대와 정부가 부동산 주택 통계로 가짜 뉴스를 만들고 있어요. 그렇지 않습니까? 제가 짐작하기로는 청와대에서 부동산을 담당했던 김수현 전 정책실장이 부동산정책 실패가 수치로 드러나니까 관료들이 마사지해서 가져온 숫자를 믿고 싶어졌을 것 같습니다. 그걸 속으로 원했겠지요. 사람은 누구나 자기가 못한 것을 드러내고 싶지 않으니까요.

우리 공직 사회가 그런 식으로 돌아갑니다. 관료가 국민을 속였습니다. 그들은 23번의 대책을 내놓을 때마다 국민을 속였습니다. 참여정부 때는 30번 이상을 속였고요. 관료들이 국민을 속일 때마다

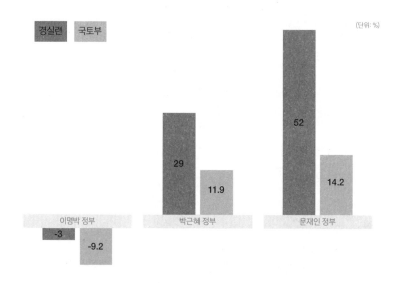

경실련과 국토부의 서울 아파트 가격 변동률 통계 비교

|  | 이명박 정부 | 박근혜 정부 | 문재인 정부 |
|---|---|---|---|
| 경실련 주장 | −3.0 | +29.0 | +52.0 |
| 국토부 주장 | −9.2 | +11.9 | +14.2 |
| 차이 | +6.0 | +17.1 | +37.8 |

집값과 땅값이 올라가요. 그래서 제가 일주일에 한두 번씩 기자회견
을 합니다.

**〈참고〉 아파트값 통계에 대한 국토부 장관 공개 질의**

– 2020년 7월 8일 경실련이 국토부 김현미 장관에게 발송한 공개 질의서

1. 국토부가 발표한 서울 아파트값 상승률 14.2% 통계를 내는 데 사용된 서울 아파트의 위치와 아파트명 적용 시세 등 근거를 밝혀주시길 바랍니다.

2. 아파트값 상승률 등 산정과 관련하여 1) 산정목적 및 사용용도 2) 산정 주체 3) 산정주기 4) 법적 근거 등을 구체적으로 밝혀주시길 바랍니다.

3. 경실련은 서울 아파트값 상승률은 KB중위가격 기준으로 이명박 정부 동안 -3%, 박근혜 정부 동안 29%라고 발표했습니다. 문재인 정부 52%만 다른 지, 이명박·박근혜 정부 아파트값 상승률은 맞는 것인지, 다르다면 얼마인지 밝혀주시길 바랍니다.

여기 와서 같이 토론 한번 하자는 거예요, 공개적인 장소에서 근거를 가져와서. 저는 지금 설명합니다. 국회의원이 가진 아파트가 48%, 청와대의 참모들이 가진 아파트가 57%, 구청장이 가진 아파트가 47%가 올랐는데 대체 김현미 장관이 보고 있는 어느 아파트가 10% 정도밖에 안 올랐는지를 알려주면…. 아니, 그런데 그런 아파트가 서울에 있으면, 혹시 아십니까?

– KBS 〈김경래의 최강시사〉 인터뷰, 2020. 7. 1.

**대한민국은 관료 국가, 관료가 재벌의 부동산 자료를 감춰준다 ————**

安진이   정부에 재벌의 토지 보유 현황을 공개하라고 지속적으로 요구하고 계신 것으로 알고 있습니다. 지난 1월 《경향신문》 인터뷰에서는 "국토부가 이 자료를 공개하지 않는 이유는 재벌 특혜 실태가 드러날까 봐"라는 의견을 밝히셨고요.

김헌동   관료들은 기록, 정보, 자료를 가지고 있어요. 그러나 어떤 재벌이 토지를 얼마나 보유하고 있는지 자료를 달라고 지난 3년 동안 정부 여러 기관에 요청했는데 자료를 내주지 않습니다. 재벌과 법인이 부동산 투기의 몸통인데도 그렇습니다. 현대그룹은 국민 세금으로 짓는 건설 공사를 따내서 성장한 건설 재벌이고, 삼성은 용인 땅 하나로 그룹 전체를 지배하는 토지 재벌입니다(이재용 삼성전자 부회장은 원래 삼성에버랜드 지분을 통해 순환출자 구조로 그룹을 지배했다. 2014년 에버랜드는 제일모직으로 사명을 변경했고, '승계 작업'을 위해 2015년 삼성물산과 합병했다. 검찰은 이 합병 과정에서의 불법 행위와 관련해 이 부회장 등을 불구속 기소했다—대담자 주). 이 양대 재벌로부터 광고를 받는 조·중·동과 경제지들은 재벌 나팔수 노릇을 합니다. 이들은 정확히 무엇이 문제인지 제대로 알리질 않아요.

과거 노태우 정부에서는 재벌들의 비업무용 부동산 등의 보유 현황에 대해 각 부처에서 자료를 구축해 공개했어요. 이렇게 자료를 공개한 토대 위에서 '비업무용 부동산'에 대한 중과세, 비업무용 토지 등 부동산 강제 매각, 대출 환수 등 강력한 조치를 했습니다. 이러한 조치들은 1997년 외환위기를 거치면서 슬그머니 사라졌어요. 그래도 김대중-노무현 정부에서는 건설교통부(현 국토교통부)에서 30대 재벌의 토지 거래 현황을 파악해서 국회에 자료를 제출했습니다. 1999년부터 전자공시시스템이 도입됨에 따라 기업별 보유 토지의 공시지가, 장부가액 정도는 확인할 수 있었어요. 그러나 이명박-박근혜 정부에서는 전자공시시스템을 통해 재벌의 토지 보유 자료를 확인할 수가 없었습니다. 2011년 국제회계기준 도입을 핑계로 기업회계기준을 변경했거든요. 기업별 보유 토지 면적과 공시지가 자료가 사라졌어요. 국제 기준을 핑계로 토지 정보 공개가 후퇴한 겁니다.

문재인 정부는 어떨까요? 스스로 촛불 정부라고 하는 이 정부의 공무원들은 재벌의 부동산 보유 현황 등 기초적인 정보조차 공개하지 않고 있습니다. 경실련이 2019년 3월에 정보공개청구를 했어요. 5대 재벌 보유 토지의 ▲필지별 면적 ▲장부가액 ▲공시지가 ▲업무용 및 비업무용 토지 현황 등에 대해 정보를 공개하라고 요구했습니다. 국세청과 행정안전부, 금융감독원, 국토교통부가 각각의 역할에 따라 재벌들의 토지 보유 현황 자료를 가지고 있거든요. 그러나 자기

소관이 아니라느니, 정보가 부존재한다느니, 정보공개청구를 타 부처로 이송한다느니 하면서 5대 재벌 전체 보유 토지 면적 같은 도저히 분석 불가능한 숫자만 일부 알려주더군요.

2019년 7월에는 문재인 대통령과 여야 5당 대표 회동에서 정동영 당시 민주평화당 대표가 30대 재벌의 비업무용 토지 정보를 공개해야 한다고 분명하게 요청했어요. 그걸 듣고 대통령이 김상조 청와대 정책실장에게 잘 챙기라고 지시했는데, 그 후에 아무런 답변도 없고 후속 조치도 없었습니다.

지난해 12월 3일 경실련 기자회견에서 발표했듯이 문재인 정부 들어 대한민국 땅값이 2000조 원 폭등했어요. 부동산을 보유한 개인들도 이득을 봤겠지만, 최대 수혜자는 토지와 빌딩과 공장 등을 많이 보유한 재벌 기업들이에요.

〈참고〉 **문재인 대통령-여야 5당 대표 회동 대화 내용(2019. 7. 18.)**

<u>정동영 대표</u> '비업무용 토지라는 개념을 다시 살리고 비업무용 토지 중과세 방침을 복원하시라. 30대 재벌 기업이 가진 비업무용 토지 정보를 국민 앞에 낱낱이 공개하라. 공개만으로 개혁이 시작된다. 노태우 정부도 공개했는데 문재인 정부는 공개하지 못할 이유가 없다. 왜 못하느냐.'

<u>문재인 대통령</u> '김상조 정책실장이 적극적으로 잘 챙기고 잘 검토해서 보고하라.'

안진이 고위 공무원들이 이렇게 재벌 편을 드는 이유는 퇴임한 후에 재벌이 좋은 자리를 주고 거액의 돈을 주기 때문인가요? 국민의 눈으로 보면 이들은 이미 노후가 충분히 보장된 사람들인데요.

김헌동 국가가 관료들의 노후를 보장해주는 이유는 공인으로서 국민 모두를 위해 일하라는 데 있습니다. 흔들리지 말라는 것이지요. 그런데 관료들은 국민을 위해 일하지 않아요. 대통령의 지시에 따라 움직이지도 않습니다. 그들은 재벌 총수 밑에 있는 자기 동창들 말을 따릅니다. 설사 자신이 교도소에 가더라도 끝까지 책임져줄 수 있는 사람들을 위해 일합니다. 그러면 재벌은 무제한의 편의와 노후를 보장하는 것 같습니다. 관료들은 선배 관료들이 이미 누리고 있는 온갖 특혜 등을 보고 배웁니다.

진보든 보수든, 소위 일류대를 나왔다는 사람들은 결혼식장과 상가喪家, 동창회와 골프장에서 하루가 멀다고 자주 만납니다. 이들은 이념과 상관없이 한 덩어리로 움직이는 기득권이에요. 동창, 선후배, 친인척 등등 친한 사람들이 계속 찾아옵니다. 뇌물을 받더라도 적발이 거의 안 되고요. 퇴직 후에는 어떻게 되나요? 그들 대부분은 우선 공기업으로 그리고 건설업계의 이익단체인 주택협회나 건설협회, 건설공제조합, 주택 보증 관련 회사, 해외 건설협회 상근 부회장 등의 자리로 옮깁니다. 그리고 다시 자기가 다니던 공직 기관의 관료 후배들을 상대로 '로비스트' 노릇을 합니다. 그러니 국민이나 대통령을 위해서 일하지 않고 재벌 총수와 이익단체를 위해 일하지요. 대통령은 임기가 5년이지만 재벌 총수 권력은 영원하잖아요. 5년 임기 대통령, 4년 임기 서울시장을 위해 일하는 공무원은 거의 없어요. 제가 20년 동안은 업계에서 그리고 20년 동안은 시민운동을 하면서, 40년 동안 그걸 경험했고 목격했습니다. 아무리 청와대를 설득해도 정권 바뀌면 도루묵이에요.

교수나 시민운동가 활동을 하다가 청와대로 가고 장관으로 가봤자 정보를 독점하는 고위 관료를 이길 수가 없습니다. 지난 20년 동안 부동산 가격이 상승한 것도 지난 정부들이 관료들을 이기지 못해 문제가 뭔지 제대로 파악조차 못 해서 그런 겁니다. 장관이 와봤자 기껏해야 임기가 2년인데, 신임 장관이 20~30년 공무원 생활을 했던 고위 관료들을 다루질 못해요. 적당히 타협하면서 시간을 보내는 것이지요. 민주화 이후, 1997년 이후 날이 갈수록 우리나라의 권력은 관료와 재벌에게 기울고 있습니다. 재벌이 주인인 나라가 되고 있지요.

대한민국은 관료 국가입니다. 과장, 국장, 실장이 정책과 법안을 좌지우지하는 나라입니다. 그 사람들이 반대하면 법안소위도 통과하지 못해요. 제가 뒤져보니 국토부·기재부 관료의 40%는 다주택자였는데, 이들이 자기 집값 올리는 정책을 쓰고 부동산 투기의 주체인 재벌을 위해 일하는 탓에 부동산 가격이 계속 상승하는 겁니다. 특히 노무현 정부나 문재인 정부처럼 준비되지 않은 정권, 실무 경험 이 부족한 국회의원이 다수인 정권이 들어서면 관료들의 전횡은 극 에 달합니다. 오히려 이명박 대통령 때는 관료들이 쉽게 속이지 못했 어요.

⟨안진이⟩ 관료가 거대한 기득권 집단이라고 느끼고는 있었지만, 이 나라가 '관료 국가'라는 말씀을 들으니 마음이 무거워지네요. 그 막강한 관료들이 재벌을 위해 일하기 때문에 공시지가 현실화도 안 되고, 공시지가가 턱없이 낮으니 보유세 강화도 가로막힌다는 말씀 이지요?

**김헌동** 예컨대 10조 5000억 원에 거래된 삼성동 땅을 봅시다. 공시지가가 시세의 21%밖에 안 됩니다. 세율은 0.7%밖에 안 되고 요. 세금 액수가 시세의 0.14%쯤 되겠지요. 세율도 공무원들이 정했 고, 공시지가도 공무원들이 정했어요. 그 삼성동 땅 바로 옆에 20억 원짜리 아파트를 가진 개인은 세금을 얼마나 낼까요? 아파트는 공 시가격이 시세의 70% 정도 되니까 세율이 2%라고 치면 세금 액수 는 실거래가의 1.4% 정도입니다. 20억 부동산은 1.4%를 내고, 재벌 은 10조 원이 넘는 부동산을 보유하고도 0.14%의 세금만 냅니다. 아

## 정치인의 부동산 종류별 공시가격 현실화율 비교

|  | 매매가 | 공시가격 | 시세반영률 | 종류 |
|---|---|---|---|---|
| 문재인 대통령 | 3억 4000만 원 | 1억 8200만 원 | 54% | 빌라 |
| 조국 전 민정수석 | 4억 8300만 원 | 3억 4600만 원 | 72% | 아파트 |
| 박근혜 전 대통령 | 67억 5000만 원 | 28억 7000만 원 | 43% | 단독주택 |
| 이명박 전 대통령 | 54억 원 | 19억 2000만 원 | 36% | 토지 |
| 더불어민주당 당사 | 193억 원 | 78억 7000만 원 | 41% | 빌딩 |

•공시가격: 국토부, 매매가: 언론 보도.
조국 전 민정수석의 매매가는 국토부 실거래에 기재된 동일 면적 2건의 산술평균임.
더불어민주당 당사 공시가격은 토지 공시가격+건물 시가표준액.

## 빌딩 공시가격 및 시세 예시

세금 매기는 기준은 시세의 40%!
2019년 9883억
공시가격 4200억 원(시세의 42.5%)

세율도 아파트보다 훨씬 낮다!
( 아파트 보유세율 최고 6.0% )
( 빌딩 보유세율 최고 0.7% )

**서울역 앞 서울스퀘어빌딩(일명 장그래빌딩)**

파트 한 채를 보유한 개인이 세율로 보면 10배나 세금을 더 부담하고 있는 겁니다. 2005년 종부세 도입 이후 나타난 현상이지요. 공시지가와 공시가격 현실화율 차이도 2배가 넘습니다.

관료들은 왜 그렇게 할까요? 공시지가 조사비로 세금을 1800억원 가까이 쓰면서 왜 공평하게 못 할까요? 국토부는 왜 공시지가를 그렇게 낮게 정하고, 국세청이나 기재부는 왜 세율을 그렇게 낮게 정해놓을까요? 1조 원짜리 빌딩은 공시가격 시세반영률이 40%밖에 안 됩니다. 재벌 총수의 고급 단독주택도 시세의 45%입니다. 아파트 1채는 70%에서 80%로 공시가격을 정합니다. 이게 무슨 뜻일까요? 지난 15년 동안 관료들이 재벌에게 특혜를 제공하고 있었다는 뜻입니다. 무려 80조 규모입니다. 그런데 언론에서도 이런 것을 지적하지 않고, 시민단체들도 이런 이야기를 잘 하지 않아요.

관료들이 재벌을 이롭게 해주면 고위직 상급자가 좋아합니다. 고위 공직자들은 수시로 재벌 임원 '친구'들을 만납니다. 이들이 거의 매일 하급 관료들이 알아서 제공하는 특혜 대가로 접대를 받는다고 해도 대부분은 무사합니다. 재벌로부터는 고맙다고 답례 인사와 온갖 로비를 받겠지요. 재벌과 고위 공직자 상당수가 강남에 아파트 등 부동산을 갖고 있습니다. 결국 강남 지역 세금 투자와 재건축 등 민간 투자와 재벌 투자 등을 늘리고 이익을 보장하면서 강남 부동산 가치를 계속 올리는 정책을 쓰게 됩니다. 이러니 '진보'라는 정치 세

## 매매가 1000억 이상 대형 빌딩 매매가격과 공시가격 비교

(단위: 억 원)

| 빌딩명 | 소재지 | 매매가격 | 공시가격 | | | 시세 반영률 |
|---|---|---|---|---|---|---|
| | | | 땅값 (공시지가 총액) | 건물값 (시가표준액) | 계 | |
| 에이스타워 | 중구 | 1998 | 566 | 285 | 851 | 43% |
| 시티센터타워 | 중구 | 2377 | 423 | 129 | 552 | 23% |
| 퍼시픽타워 | 중구 | 4410 | 480 | 319 | 799 | 18% |
| 대우조선해양빌딩 | 중구 | 2054 | 1011 | 115 | 1126 | 55% |
| 삼일빌딩 | 종로구 | 1780 | 529 | 81 | 610 | 34% |
| 더케이트윈타워 | 종로구 | 7132 | 1055 | 929 | 1984 | 28% |
| 금호아시아나본관 | 종로구 | 4180 | 1135 | 577 | 1712 | 41% |
| HP빌딩 | 영등포구 | 2122 | 419 | 356 | 775 | 37% |
| 현대카드 | 영등포구 | 1775 | 486 | 247 | 733 | 41% |
| SK증권빌딩 | 영등포구 | 2951 | 481 | 574 | 1055 | 36% |
| 삼성빌딩 서초사옥 | 서초구 | 7484 | 1931 | 870 | 2801 | 37% |
| JW타워 | 서초구 | 1480 | 526 | 174 | 700 | 47% |
| 메트로빌딩 | 서초구 | 1490 | 520 | - | 520 | 35% |
| 강남파이낸스플라자 | 강남구 | 1830 | 624 | 184 | 808 | 44% |
| 삼성생명 대치2빌딩 | 강남구 | 1905 | 701 | 159 | 860 | 45% |
| 삼성메디슨빌딩 | 강남구 | 1510 | 453 | 178 | 631 | 42% |
| 계(16개) | | 4조 6478 | 1조 1340 | 5177 | 1조 6517 | 36% |

•매매가격: 한화63시티 및 언론기사, 건물 시가표준액: 서울 e-tax.
땅값(토지 공시가격): 공시지가×대지면적, 계 및 시세반영률은 총액 대 총액 비교.

력이 집권해도 집값이 계속 강남을 중심으로 오르는 겁니다.

개혁 정부고 촛불 정권이라면 강남 등의 집값이 오르게 하는 정책을 쓰는 관료는 교체해야 하는데, 오히려 청와대 지시를 잘 듣는다면서 그냥 놔두고 있습니다. 집값을 3년 동안 끌어올린 장관을 불러서 책임을 지우기는커녕 추가 대책을 강구하라고 합니다. 대통령이 경제부총리 등 관료를 격려합니다. 집값, 부동산값을 끌어 올린 장관은 자기가 더 높은 자리로 올라가도록 도와준 아랫사람들을 중용해 더 중요한 일을 맡기겠지요. 2020년 총선 이후 누구도 예측하지 못한 시기에 투기를 조장할 개발 계획을 발표한 박선호 차관 같은 사람들이 유능한 관료로 인정받습니다. 그럴수록 국민의 고통은 더 커집니다. 이게 지금의 우리 사회입니다.

근본적으로 문제를 해결하려면, 무조건 정보·자료를 드러내야 합니다. 대통령과 서울시장이 정보를 더 공개해야 합니다. 건축 관련 인허가 서류나 분양원가를 다 공개하면 전문가들은 이 사업이 과도한지 아닌지 딱 알 수 있지요. 국토부에서 매년 토지가격 및 주택가격 조사에 1800억 원 들여놓고 결과 자료는 공무원만 봐요. 회사 주주가 회사가 가진 땅을 알아야 하는데 그걸 몰라요. 이런 걸 상시 공개하도록 의무화해야 합니다. 재벌들이 땅을 얼마나 보유했는지, 이 땅에 대한 세금 기준이 적절하게 매겨졌는지 공개하면 됩니다. 2005년 종부세 도입 이후 법인(재벌)에 세금 기준을 낮춰줘서 덜 걷힌 것만 따져보면 15년 동안 80조 원에 달해요. 이런 걸 공개하고 고쳐야지요.

- 《오마이뉴스》 인터뷰, 2020. 6. 29.

김헌동의 부동산 대폭로, 누가 집값을 끌어올렸나

## 박선호의 부동산

| 아파트 | 공장 | 논 |
|---|---|---|
| 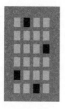 |  |  |

서초동 현대ECA 2차 136m²
신고가격 7.3억
**최근 실거래가 14.8억**

등촌동 공장 1,681m²
신고가격 26억
**개발될 경우 시세 200억대 가능**
•부인 명의. 형, 누나와 공동 소유.
•국토부가 2020년 5월 6일 발표한
5.6대책에서 준공업지역 규제 완화해
주택 7,000가구를 공급한다고 발표
→ 이해충돌 가능성(당시 제1차관)

과천동 토지 2,519m²
신고가격 5.5억
•2018년 12월 국토부가 발표한
신도시 대상 지역에 포함
→ 이해충돌 가능성(당시 주택
토지실장)

왜 '박선호의 아파트'가 아니고 '박선호의 부동산'일까? 박선호 국토부 1차관은 아파트, 공장, 논을 두루 가지고 있기 때문이다. 그가 2019년에 신고한 재산만 33억 3500만 원인데, 그의 자산 대부분은 부동산이었다. 경실련의 분석에 따르면 그가 보유한 부동산의 시세는 2019년 5월 기준으로 70억 원이 넘는다.

박선호 차관 외에도 국토부 고위 공직자들 가운데 손명수 2차관, 최기주 대도시권광역교통위원장, 김상도 항공정책실장 등이 모두 서울 강남 3구에 집을 보유하고 있다. 권용복 전 항공정책실장(현재 퇴직)은 시세가 39억 원이 넘는 부동산을 보유하고 있었고, 현 행정중심복합도시건설청장인 이문기 전 국토부 주택토지실장의 대치동 아파트는 시세 17억 원이 넘는다. 이 청장은 4억 원이 넘는 유가증권도 가지고 있다고 신고했다. (국토부 1차관은 이 책의 집필이 끝난 시점에 박선호에서 윤성원으로 교체됐다.)

## 진보와 개혁으로 스스로를 포장한 무능 정치 세력 ─────

<u>안진이</u>   문재인 정부 들어 발표된 23번의 부동산 대책이 전부 효과가 없었습니다. 이것도 준비되지 않은 정부와 노회한 관료들의 합작품이라고 봐야겠네요.

**김헌동**   거듭 말하지만, 관료들이 대통령의 눈을 가리고 있습니다. 2020년 신년사에서 문재인 대통령이 취임 이전으로 집값을 낮춘다고 했어요. 그러고 나서 실제로 집값 상승세가 주춤했고 3~4월에는 신종 코로나 여파로 6주 연속 하락이 이어졌어요. 그런데 5월 초에 느닷없이 용산에 미니 신도시를 세우고 서울 시내 재개발에 공공이 참여하겠다고 발표합니다. 투기 세력과 건설업자에게 신호를 보낸 겁니다. '우리는 거품이 빠지게 놔두지 않을 거다'라는 신호를요. 그런 발표를 하니까 투기꾼들이 마포·용산·여의도로 몰려가서 부동산 가격이 오르기 시작했습니다. 6월 5일에는 잠실 마이스 복합단지 민간 투자 발표가 나왔어요. 강남이랑 송파가 또 들썩였습니다. 국토부 장관이 어디가 더 오를 것이라고 알려주는 꼴이에요. 이 정도 상황이면 사람들이 무슨 생각을 하겠습니까. '연초에 대통령이 취임 이전 수준으로 집값 잡겠다고 말한 건 쇼구나. 관료들은 대통령 말도 안 듣는구나'라고 생각할 겁니다.

주택임대사업자 등록 혜택도 그렇습니다. 불로소득을 거두는 임대사업자에게 마구잡이식 특혜를 주는 제도를 만든 사람들을 모두 문책해야 합니다. 그러나 청와대와 여당은 책임을 묻지 않았습니다. 본인들에게도 책임이 있기 때문이지요. 국토부가 해명 자료라고 낸 것도 황당하더군요. 임대사업자 제도를 전 정권에서 만들었다고 발뺌하는데, 그럼 그때는 국토부가 없었나요? 박근혜 정부가 제공한 특혜는 2017년 말에 끝나도록 설계된 것이었는데, 더 큰 특혜로 바꾸어놓았던 자들이 관료입니다. 이런 식으로 책임 회피하는 관료부터 바꿔야 하는데 이런 자들이 더 빨리 승진을 합니다. 문재인 정부에서만 20번이 넘는 대책이 나왔지만 다 핵심을 빗겨 갔어요. 정책 실패를 반복한 사람이 대책을 또 만들면 구멍이 있을 수밖에 없습니다. 관료들은 부동산 가격 안정화를 원치 않아요.

진보를 가장한 무능한 정치 세력과 부패한 개발 관료들이 집값을 올린 겁니다. 바로 그들이 부동산 쪽으로 돈이 몰리게 하고 부동산 거품을 키웠습니다. 재벌과 소수의 기득권층 그리고 문재인 정부의 고위 공직자들을 위해서 그랬습니다. 문재인 대통령이 임명한 장관의 40%가량이 다주택자였고, 현재 장관 50%가 다주택자입니다. 장관뿐 아니라 수많은 고위 공직자와 권력층은 부동산을 많이 보유하고 있습니다. 그들의 불로소득을 키워준 자들이 관료입니다.

부패 경영을 일삼던 재벌은 돈을 벌어 수백조의 돈을 쌓아두고

2부 누가 집값을 끌어올리나?

있다는데, 건물주에게 임대료를 꼬박꼬박 바쳐야 하는 중소기업과 자영업자 등은 미래가 불투명하다고 말합니다. 노동자들은 좋은 일자리가 부족하다고 합니다. 진보를 표방한 무능하기 짝이 없는 정당과 정치인, 그리고 개발독재 시대 때부터 재벌과 유착해온 관료들이 부동산정책을 경기 부양의 수단으로 사용하고, 경제정책을 토건 주도로 거품만 일게 추진하여 재벌에게 일방적으로 유리하게 사용한 결과 지금과 같은 위기 상황이 온 겁니다.

## 어김없이 관료에게 휘둘린다 —————

안진이 ▷ 준비되지 않은 사람과 세력이 집권하면 어김없이 관료들에게 휘둘리는군요.

김헌동 ▶ 선의를 가진 정치인이 집권하더라도 높은 자리에 가면 바뀝니다. 관료들에게 둘러싸이니까요.

대통령 본인은 아파트에 관해 잘 모를 수 있어요. 그러면 집값에 대해 잘 아는 사람을 데려다 써야 합니다. 부동산정책을 결정하는 자리에 집값에 문외한인 인사를 앉히면 어떻게 될까요? 과거 선배들이 만든 보고서와 온갖 정보를 독점하고 있는 관료들, 입만 열면 조작된 자료 등을 근거로 속이려 하는 관료들을 절대 못 당합니다. "집값이 하락하면 경제가 어려워지고, 경제가 어려워지면 정권이 흔들린다"라는 거짓말에 넘어가게 됩니다. 대표적으로 참여정부가 그런 거짓말에 넘어갔기 때문에 개혁적인 정책을 펼치지 못했지요. 관료들이 어설픈 정책을 가져와도 수정하지 않고, 재벌에게 유리한 정책이 그대로 발표됩니다.

기재부와 국토부 관료들은 기본적으로 부동산을 주거 복지의 개념이 아닌 경기 관리용으로 인식해요. 그래서 재벌과 건설사에 폭리를 안겨주는 구조를 유지하는 정책을 강력하게 추진합니다. 특히 국토부는 아파트를 많이 짓는 데만 관심이 있고 개발로 일감 만드는 데만 관심 있지 그게 누구에게 이익이 되는지에는 관심이 없어요.

당장 경제 성적표를 좋게 해준다고 하니 대통령은 수긍합니다. 경제를 억지로라도 지탱하며 버틸 수가 있으니까요. 지금 문재인 정부도 그렇게 굴러가고 있어요. 주택 매물이 나오도록 하는 대책은 쓰지 않습니다. 왜? 경기를 지탱하고, 집값을 떠받쳐야 하니까. 매물이 쏟아져 나오고 사람들이 겁을 먹고 집을 팔면 집값이 폭락하고, 경기가 위축되고, 결국 자신들의 정권이 몰락할 것 같으니 못 합니다.

## 국회 안에 재벌과 관료의 '머슴'이 있다 ────────

안진이 ▷ 엉터리 정책이 남발되는데 국회와 정당이 제 역할을 못하는 이유는 무엇일까요?

김헌동 ▶ 정책 생산 능력이 없는 데다 당 대표와 원내대표 등 몇몇 사람의 머리에 의존해서 그렇습니다. 우리나라 정당은 제대로 된 싱크 탱크가 없어요. 그러니 한두 명의 인물에 끌려갑니다. 부동산 문제를 보더라도 유능한 전문가가 없으니 부동산학과 교수나 불러서 문의하고, 부동산 담당 기자 출신들이 전문가 행세를 합니다.

기본 정보를 상시 공개하지 않고 자기들만 독점하는 것, 통계와 자료를 관료에게 의존하는 것이 큰 문제입니다. 현실을 잘 모르는 학자 출신들이 청와대에 들어가서 외국에서 배운 다른 나라 이론을 가지고 뭔가 해보려다가 항상 관료와 재벌 민간 연구소 연구원들에게 역이용당합니다.

집권 이후에 청와대나 여당의 개혁 세력이라는 사람들이 주로 누구를 만나고 누구에게 의존할까요? 관료, 재벌, 재벌 이익단체, 재벌 민간 연구소 연구원, 국책 연구 기관 연구원 같은 사람들입니다. 관료, 이익단체 사람들을 계속 만나다 보면 '진보'가 어느 날 자기도 모르는 사이 '보수'가 됩니다. 권력의 맛도 알게 됩니다. 나중에는 부패한 권력의 맛을 즐기게 됩니다. 경제 관료나 재벌이 데이터 가져다주고 논리까지 만들어주니까 편하고, 그게 맞는 것 같다고 느낍니다.

관료에 의존하는 정책 생산을 종식시켜야 합니다. 관료를 테크노크라트technocrat라고 하잖아요. 저는 대부분의 관료가 혁신적인 정책을 연구하고 개발할 능력이 없다고 봅니다. 관료에게 의존하지 말아야 해요. 국가정책 용역 구조도 바뀌어야 합니다. 용역 보고서도 관료를 통하면 재벌과 관료를 위한 것만 나옵니다. 소비자를 위한, 서민을 위한 정책이 나오려면 국회나 정당에서 현장 중심의 연구 보고서를 만들어야 합니다. 국책 연구소도 100% 독립적으로 운영해야 하고요.

관료는 국민을 위해 일해야 하는 '머슴'입니다. 그런데 머슴이 오랫동안 상전 노릇을 하다 보니 누가 머슴인지 잊어버린 꼴이에요. 머슴이 만든 정책과 법안에 의존해서는 안 됩니다. 그러나 우리는 머슴한테 의존하고 있습니다. 대의기구인 국회와 정당이 정책·제도를 파고들고 연구를 끊임없이 해야 합니다.

지금 대한민국의 주요 정책 결정은 10여 명 정도의 소수가 독점하고 있지요. 관련 부처의 장차관과 청와대의 소수 참모들, 여당 수뇌부 국회의원들이 졸속으로 정책을 만드는 구조입니다.

국회의원 다수는 재벌과 건설업자 편입니다. 국회의원은 지역구 예산과 지역구 건설 공사 등을 국토부에 청탁합니다. 자신의 토건 공약을 이행하려는 겁니다. 의원들 사이에서는 국토위와 기재위에 들어가려는 경쟁이 치열합니다. 왜 그럴까요? 온갖 이권에 개입하고 청탁하는 것이 가능하니까요. 부패가 심각합니다. 이런 상임위에서 만들어지는 정책과 법안 중 국민을 위한 것이 얼마나 될까요? 법안의 대부분은 재벌과 대기업의 이해를 반영하여 그들의 요구가 관철된 것입니다. 국회의원, 지방자치단체에 들어가겠다는 사람, 정당에 들어간 사람 중에 건설업자 출신, 건설업자가 만든 연구원 출신, 이런 데 연관된 사람이 많습니다. 여야 할 것 없이 많습니다. 지난 4.15총선 기간에도 이낙연 후보를 비롯한 더불어민주당의 여러 후보가 공공연히 종부세 인하를 주장하거나 광역철도 역사 및 노선 관련 개발 공약을 발표했지요. 지방의회, 구의회, 시의회, 군의회, 도의회 할 것 없이 부동산 투기를 했거나 건설업자 출신이거나 하는 사람들이 상당수라고 봅니다.

앞에서 언급했습니다만, 박덕흠 의원처럼 재벌과 토건업계를 대변하는 이들은 국회에서 분양원가 공개를 무력화하기 위해 공시 항목을 61개에서 12개로 줄이고, 분양가상한제 법을 시행령으로 격하하고, 토지임대특별법을 없애는 데 앞장섰습니다. 저는 박근혜 정부와 새누리당이 망가진 중요한 이유 중 하나가 박덕흠 의원 같은 인물을 19대 총선에 공천한 것이라고까지 생각합니다. 그가 관료가 원하고 토건 재벌이 원하는 일을 주도적으로 국회에서 수행했지요.

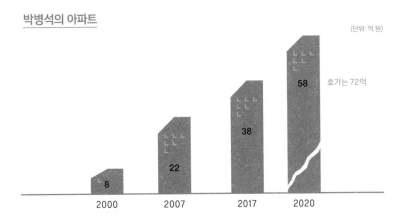

박병석의 아파트

(단위: 억 원)

58 호가는 72억

38

22

8

2000　　2007　　2017　　2020

·네이버부동산시세 기준

더불어민주당 소속의 6선 의원으로 21대 국회의장을 맡은 박병석은 부동산 재산만 59억 원이 넘는 자산가다. 그가 보유한 서초구 반포주공1단지 아파트(전용면적 196.8m²)는 2000년에 8억 원이었는데 지금은 58억 원이다. 국회의원 20년 동안 집값이 50억 원 올랐다. 50억 원 중 참여정부 때 상승분이 14억, 문재인 정부 때 상승분이 20억 정도다. 박 의장의 아파트 시세 차익이 화제가 되자 그는 만 40년 동안 그 아파트에 실거주했고 지금 재개발 관리 처분 기간이라 매매 불가능하다고 해명했다. 그는 대전 서구에 한 채 더 가지고 있던 아파트를 처분했다고 밝혔는데, 알고 보니 타인에게 매매한 것이 아니라 아들에게 증여한 것이었다. 이에 경실련은 "증여세 납부 증명과 월세 계약서 등 관련 서류를 공개"하라고 요구했다.

### 〈참고〉 더불어민주당 일부 의원들의 2020년 21대 총선 공약

▶ 1가구 1주택 실수요자 종부세 완화

– 이낙연(종로), 강태웅(용산), 조재희(송파갑), 박경미(서초을), 김병관(분당갑), 김

병욱(분당을), 김성곤(강남갑), 전현희(강남을), 김한규(강남병) 등.

* 강남갑 김성곤 후보는 20대 총선에서도 종부세를 잠시 정지하거나 폐지하자
고 주장했다.

▶노후 아파트 재건축 활성화

- 김한규(강남병), 황희(양천갑), 김병관(분당갑), 김병욱(분당을) 등.

* 양천갑 황희 후보는 20대 총선에 이어 이번에도 재건축 추진 관련 공약을 내
걸었다.

## 부동산으로 돈 벌려면 공직 말고 임대사업을 하라 ─────

안진이    지난해에 국토부 고위 공무원들의 부동산 자산을 분석
해서 공개하셨는데, 여기에는 어떤 의미가 있습니까?

김헌동    사실 공시지가 문제를 들여다본 계기 중 하나가 공직자
재산 문제였습니다. 엉터리 공시가격의 가장 큰 수혜자가 고위 공직
자입니다. 가진 재산을 축소해 신고하기 딱 좋으니까요. 그들이 공시
지가를 이용해 재산을 숨기고 축소하기에 사실을 조사해 언론을 통
해 문제를 제기해서 진실을 밝힌 것입니다. 집값이 안 올랐다고 하기
에 얼마나 올랐는지 알려준 거고요. 조작을 밝힌 것이지요.

우리 사회에서 고위 공직에 진출한다는 것은 부와 권력과 명예를 동시에 쥐게 된다는 의미입니다. 억대 연봉은 기본이고, 일반인들은 접근하지 못하는 고급 개발 정보도 이런저런 경로를 통해 취득할 수 있습니다. 이런 사람들이 문재인 정부의 요직에 앉아 있으니 강남 부동산이 잡힐 리가 있겠습니까? 문재인 정부 고위 공직자들의 면면을 보면, 재산 현황이나 부의 축적 과정이 이명박 정부와 박근혜 정부의 고위직 인사들과 차별성이 없습니다. 집을 서너 채나 보유하고 있으면서 부끄러운 줄을 몰라요.

강남에 아파트 한 채를 가지고 있었더니 노무현 정부 때 10억 원, 문재인 정부 3년간 7억 원이 올라 불로소득을 17억 원 챙긴 사람들을 '강남좌파'라고 부르지요. 자기가 아무 노력을 안 했는데 17억 원이 생겼으니 그들도 불로소득을 만들어주는 구조 안에 들어와 버린 셈입니다. 이러니 수십억 규모의 돈은 돈도 아니에요. 이들의 자산 증식 과정도 제대로 검증해야지요. 설령 합법적 테두리 안에서 재산을 증식했다 할지라도 이런 사람들을 부동산정책을 다루는 자리에 앉혀서는 안 됩니다. 그런데 그런 일이 벌어졌습니다. 토건업자와 투기꾼들 입장에서는 절로 신이 나지 않겠습니까?

경실련이 지난해 7월 국토부와 산하기관 1급 이상 고위 공무원 30명의 부동산 재산을 분석해봤습니다. 1인당 보유한 부동산의 시세 평균이 21억 이상이었어요. 박선호 국토부 제1차관이 보유한 부

동산 시세는 70억, 권용복 당시 국토부 항공정책실장(현재 퇴직)이
보유한 부동산 시세는 39억, 이문기 국토부 주택토지실장(현 행정중
심복합도시건설청장)의 경우는 17억 정도. 국토부가 부동산 돈 잔치
판이니 서민과 무주택자에게 이로운 정책이 나올 턱이 없지요.

재벌이 원하는 법안은 고속철도로 달리고, 국민이 원하는 법안은 완
행열차로 가다가 탈선을 자주 하는 상황입니다. 우리 정치인과 관료
들은 국민을 위한 자들이 아닙니다.

- CBS 〈시사자키 오늘과 내일〉 인터뷰, 2007. 9. 11.

안진이  70억, 39억, 17억 … 보통 사람들이 평생을 모아도 갖기
힘든 돈입니다. 주거비와 사교육비 때문에 저축을 아예 못 하는 가계
도 많거든요.

김헌동  대한민국 사람이 가진 부동산 평균 자산이 3억 5000만
원이에요. 공직을 성실하게 수행한 사람은 그 이상의 재산을 가지기
힘들어야지요. 20~30년 동안 자녀를 키우면서 10억 원 이상의 재
산을 획득했다면 형성 과정을 들춰봐야 하고요. 노영민 청와대 비서
실장이 작년 12월에 청와대 다주택 참모진에게 집을 팔라고 권고하

고 유예기간 6개월을 줬는데도 다들 안 팔았어요. 그럼 국민에게는 왜 "사는 집 빼고 모두 팔라"고 했나요? 5월에 청와대 비서실장에게 공문을 보냈더니 "아직 상황 파악 중이다"라고만 했습니다.

부동산으로 돈 많이 벌었을 수도 있지요. 다만 그럴 거면 체질과 적성에 맞게 부동산 임대업을 하라는 겁니다. 그런 사람들이 고위 공직에 있으면서 비슷한 처지의 다주택자들에게 세금을 전액 면제하는 것이 문제입니다. 국민을 상대로는 세금을 더 걷을 것처럼 겁을 잔뜩 줘놓고 실제로는 다주택자의 세금을 줄여주는 정책을 내놓습니다. 우리는 정책을 결정하는 고위 공직자들이 자기를 위해, 친한 사람을 위해, 뇌물 주는 사람을 위해 권력을 쓰지 않는지 조사할 필요가 있습니다.

정부와 여당이 촛불에 담긴 민심을 제도와 법률과 정책으로 구현하려 했다면 정직하고 성실하게 살아온 사람을 찾아서 발탁했어야 합니다. 하지만 문재인 정부와 더불어민주당은 그런 사람을 자기편이 아니라는 이유로 외면했습니다. 공직은 국민을 섬기고 국가에 봉사하는 자리여야 합니다. 그러자면 임명권자인 대통령이 봉사할 자세가 된 사람을 그런 자리에 앉혀야지요. 특히 청와대 민정수석은 고위 공직자들의 부패를 감시하고 청렴도를 유지시키고, 고위 공직자를 검증하는 직책입니다. 신고된 재산만 54억인 사람이 청와대 민정수석에 앉아 있으면 무슨 기준으로 인사 검증을 하며, 공직 사회의 일탈과 부패를 어떻게 견제하고 감시하겠습니까?

비단 임명직만이 아닙니다. 선출직 진출을 염두에 둔 사람들도 본인들의 재산 현황을 사전에 실질적이고 구체적으로 투명하게 공개해야 합니다. 우리나라의 공직자 재산 등록 제도에는 중차대한 한계가 있습니다. 공직자들의 재산 가치가 저평가되어왔다는 사실입니다.

공시지가는 실거래가 반영률이 30%대고, 공시가격은 60%대예요. 아파트만 70%대입니다. 이를 바꿔 해석하면 실제 재산 규모의 절반만 드러난다는 의미입니다.

정부와 정치권에서 제도상의 허점을 메우고 조금만 더 신경을 쓰면 고위 공직 후보자들의 정확한 재산 내용과 자산 실태를 파악할 수 있습니다. 정밀하게 살피고 검증된 사람들을 골라 기용해 정책과 제도를 결정하도록 해야 합니다. 그러지 않으면 모든 정책과 제도가 가진 사람 위주로, 기득권 친화적으로 갈 수밖에 없습니다. 누구든 자기 재산 줄어들 정책을 결정하기란 쉽지 않은 일일 테니까요. 지금처럼 국민에게만 집 팔라고 해놓고 자기 집은 서너 채씩 끌어안고 있는 사람들을 그대로 끼고 있는 한, 대통령 취임 이전으로 집값이 되돌아가기란 불가능합니다.

**〈참고〉 시의원님은 주택임대사업자!**

경실련에 따르면 서울시의회 의원 110명 중 31%인 34명이 2주택 이상 보유 다주택자였다. 최고의 주택 부자는 30채를 가진 강대호 민주당 의원이었다. 강의원은 본인과 배우자 명의로 서울 중랑구 13채, 경기 가평군 17채에 달하는 다세대주택과 연립주택을 보유하고 있다. 이정인 민주당 의원은 오금동 현대아파트(전용면적 170.32㎡)와 송파구 다세대주택 4채를 포함, 총 24채를 보유하고 있다. 그중 아파트가 21채였다. 이석주 통합당 의원은 대치동 한보미도맨션(128.02㎡)을 포함해 총 11채를 보유하고 있다. 강대호 의원과 이정인 의원은 모두 '임대사업자로 등록해 임대소득세를 내고 있다'고 해명했다. 박근혜·문재인 정부가 만든 임대사업자 세금 혜택을 시의원들이 톡톡히 누리는 셈이다.

일단 강남에 집 두 채씩 가진 사람들부터 고위 공무원직에서 쫓아내야 합니다. 무주택자의 눈으로 부동산 문제를 바라봐야 해요. 집이 없어도 불편함 없는 세상을 만들어야 합니다. 국가나 서울시가 강제 수용한 땅은 매각하지 않겠다, 선언하면 돼요. 건물만 분양하면 강남에 20평짜리 아파트 1억이면 짓습니다. 집값 바로 잡히지요. 싱가포르는 개인이 아파트 건물만 보유하지 토지는 국가 소유잖아요. 이게 가능합니다. 정책을 바꾸기만 하면 돼요.

– 《오마이뉴스》 인터뷰, 2020. 6. 29.

## 수도권 기초단체장 부동산 재산 상위 5명

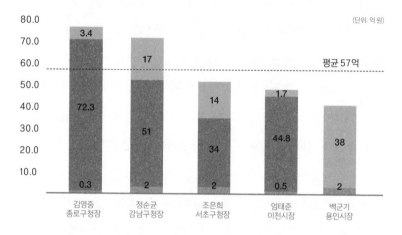

평균 57억

(단위: 억 원)

■ 토지  ■ 상가건물  ■ 주택

## 수도권 기초단체장 다주택 소유 상위 5명

(단위: 억 원)

| 순번 | 권역 | 이름 | 지역 | 정당 | 부동산 신고액 | 주택 보유수 | 지역 |
|---|---|---|---|---|---|---|---|
| 1 | 경기 | 백군기 | 용인시장 | 더불어민주당 | 40.57 | 14 | 서초(1) 용산(13) |
| 2 | 경기 | 서철모 | 화성시장 | 더불어민주당 | 14.34 | 9 | 노원(1) 일산(2) 군포(5) 지방(1) |
| 3 | 서울 | 성장현 | 용산구청장 | 더불어민주당 | 24.81 | 4 | 용산구(3) 지방(1) |
| 4 | 서울 | 문석진 | 서대문구청장 | 더불어민주당 | 18.01 | 4 | 강동(1) 서대문(2) 양천(1) |
| 5 | 경기 | 최대호 | 안양시장 | 더불어민주당 | 14.63 | 3 | 과천(1) 안양(1) 지방(1) |
| 합계 | | | | | 112.36 | 34 | |
| 평균 | | | | | 22.47 | 6.8 | |

·모든 주거형태 포함, 본인 및 배우자.

## 삼성과 현대는 토지 재벌? ―――――――

⟨안진이⟩ 관료 이야기는 많이 했으니 다시 재벌 이야기로 돌아갈까요? 본부장님께서 지난해 2월, 5대 재벌의 토지자산 실태를 공개하시면서 "재벌들이 지난 10년간 땅 사재기를 통해 자산 불리기에 주력"했다고 폭로하셨습니다. 그런데 평범한 시민의 입장에서는 당장의 집 한두 채에 관심이 가지 재벌들이 누리는 엄청난 특혜 문제는 잘 실감하지 못합니다. 재벌의 부동산 투기가 시민들의 삶과 어떻게 연결될까요?

**김헌동** 삼성, 현대 양대 재벌이 나라를 쥐락펴락합니다. 저는 삼성, 현대 둘 다 토건 재벌로 봅니다. 대한민국 재벌은 다 토지 불로소득과 부풀려놓은 건설 사업 수주로 돈을 벌어요. 물건 잘 만들어서 좋은 값에 많이 팔아 돈을 버는 기업이 별로 없습니다. 부동산으로 손쉽게 돈벌이를 할 수 있는데 누가 힘들게 공장 만들고 기술 개발해서 돈을 벌려고 하겠습니까. 공장을 증설하거나 설비투자를 하는 쪽보다 아파트 재건축에 관여하는 쪽이 훨씬 남는 장사가 되었습니다. 은행에서 돈 빌려다 입주자들에게 이사비만 지원해주면 수조 원짜리 사업을 따내서 수천억 원을 남길 수 있어요. 그런 '먹잇감'이 현재 서울시에만 수백 군데가 널려 있습니다. 재벌 기업이 부동산으로 돈을 벌게 만들어놓은 겁니다. 인공지능, 로봇, 신소재 등을 개발하는 생산적인 활동보다 몇 배 더 쉽고 더 많이 돈을 벌 수 있는 길을 정부가 열어놨는데 어떤 기업이 그 유혹을 뿌리칠 수 있겠습니까? 기업들은 연구와 개발 투자는 등한시하고 돈벌이가 되는 부동산 투자나 기업 사냥을 위해 현금을 움켜쥐고 있습니다.

이 순간에도 대한민국 곳곳에서 토지 불로소득이 생겨나고 있습니다. 현대자동차가 한국전력공사로부터 매입한 강남구 삼성동의 구 한전 부지는 원래 3종 주거지역으로 지정돼 있었습니다. 용적률이 250%까지만 허용되어 30층 이상으로 건물을 지을 수 없는 땅이었어요. 노무현 정부에서 균형발전을 위해 한전을 지방으로 이전시켰지요. 수도권 과밀을 해소하려면 이곳을 공원으로 만들거나 저밀 개발을 해야 합니다. 그런데 용적률 1,000% 이상 건설이 가능한 상업 용지로 변경해서 현대차라는 특정 재벌 기업이 105층짜리 초고층 건물을 올릴 수 있도록 2020년 초 문재인 정부가 허가해줍니다. 그래서 땅의 가치가 단숨에 10조 5000억 원보다 더 높게 치솟은 겁니다. 촛불 정부라는 문재인 정부와 박원순 시장의 서울시가 재벌에 엄청난 특혜를 준 겁니다.

정부 당국의 현대차에 대한 특혜는 여기에 그치지 않습니다. 구 한전 토지 근처의 영동대로 지하에 정부 예산까지 투입해 대규모 지하도시를 조성할 계획이 추진되고 있습니다. 초고층 105층 건물을 짓게 해주고, 그 옆에 마이스와 지하도시를 개발한다고 하고, 삼성역에 광역철도망도 깔아준다고 하니 땅값이 어떻게 되겠어요? 현대차 재벌 좋은 일만 시켜주는 것이지요. 재벌이 어마어마한 개발이익을 챙길 수 있도록 정부가 국민 세금을 퍼주는 꼴입니다. 이런데도 현대차를 자동차회사라고 불러야 할까요?

안진이  자동차회사가 아니면… 무엇인가요?

김헌동  현대는 현대건설, 현대엔지니어링, 엠코 등 건설사를 여러 개 거느리고 있습니다. 자동차 공장은 해외로 내보내고 있고요. 자동차 만들던 회사가 서울 중심에 10.5조 원을 들여 땅을 매입하고 또 5조 원 이상의 돈을 들여 105층짜리 빌딩을 짓는다면 부동산 임대업자가 되는 것 아닙니까?

삼성동 재벌 땅 주변 집값은 누가 올렸습니까? 정부, 청와대, 관료 등이 재벌들이 보유한 토지 주변의 집값도 올렸습니다. 부동산 가격 폭등의 원인은 개인과 임대업자에게만 있지 않습니다. 자금력이 월등한 재벌과 대기업 등 법인들의 부동산 투기가 더 큽니다.

부동산 투기 전체를 바라보면서 대책을 논의해야 해요. 개인이 집을 사재기하면 문제 삼으면서 재벌이 부동산 투기와 비업무용 토지 보유 등을 통해 5조 규모 불로소득을 챙기는데도 아무도 문제 삼지 않습니다. 부동산 투기의 진짜 문제는 놔두고 피라미들만 가지고 이야기해요.

　정부 부동산 대책이 그렇습니다. 현 정부의 23번 대책 중에 재벌 등의 비업무용 토지에 대한 대책은 단 한 번도 포함된 적이 없어요. 오로지 개인 소유 주택 등에만 초점을 맞춰서 대출을 규제하고 세금을 더 늘립니다. 정부 관료와 정치권이 본질을 회피하는 것입니다.

### 〈참고〉 공시가 개편한다더니… 재벌과 땅부자 특혜는 그대로

김헌동 본부장은 문재인 정부가 "본질을 건드린 적이 한 번도 없다"고 이야기한다. 여기서 '본질'이란 재벌이 보유한 고가의 부동산에 주어지는 특혜를 뜻한다. 앞서 1부에서 언급한 대로 문재인 정부는 2018년 세제 개편안을 발표해 종부세율을 약간 올렸지만, 재벌의 별도합산토지에 대한 세율은 건드리지 않았다. 그리고 국토부에서는 2019년 12.16대책을 발표하면서 "부동산 공시가를 실거래가에 가깝게 개편하기 위한 장기 로드맵을 수립하겠다"고 밝혔다. 시세 9억 원 이상 아파트 공시가격을 2020년부터 실거래가의 80% 수준으로 현실화해 보유 수준에 맞게 세금을 부과하겠다고 했다. 그런데 이때도 재벌 부동산의 과세 기준인 공시지가는 비껴갔다. 국토부는 공시지가를 1년에 평균 1%p 정도 상승시키는 수준의 목표치를 공개했다. 고작 1%. 아파트 공시가격은 크게 올리고 재벌 부동산의 공시지가는 찔끔 인상한다는 것은 형평성에 어긋나는 일이다. 현재 빌딩과 상가, 토지 등 극소수의 부동산 부자들과 재벌들이 소유한 부동산은 개인에 비해 막대한 보유세 특혜를 받고 있다. 일례로 제2롯데월드 등 법인이 소유한 수조 원의 건물과 토지는 보유세 최고세율이 0.7%에 불과하다. 이런 부동산 종류별 과세 불평등에 대해 정책 담당자들은 침묵으로 일관한다. 그 결과 고가 아파트 소유자의 세금만 영점 몇 퍼센트 찔끔 올리고 만다. 그러는 사이에 집값은 더 올라간다.

아파트든 토지든 빌딩이든 보유한 가치만큼의 세금을 내는 것은 당연하다. 한국의 고질적인 자산 불평등을 해소하려면 부동산의 종류에 상관없이 공평하게 세금을 부담하도록 해야 한다.

안진이 ) 현대차는 그렇고… 삼성도 토지 재벌이라고 볼 수 있다는 말씀인가요?

김헌동 ) 삼성그룹도 할 이야기는 얼마든지 있습니다. 이병철 전 삼성그룹 회장이 당시에 평당 50원 하던 임야와 400원짜리 논밭을 대규모로 사들여 용인 자연농원을 만들었습니다. 그 땅이 지금은 시세가 평당 300만 원이 됐습니다. 백 배, 천 배도 아니고 무려 만 배가 뛰어오른 겁니다. 용인 자연농원이 에버랜드가 됐고, 이 에버랜드라는 회사가 불과 몇 년 전까지만 해도 삼성그룹의 지주회사 역할을 담당했습니다. 에버랜드의 토지가격이 삼성을 지배하고 지탱시켜줬습니다. 그러니까 삼성은 반도체가 아니라 땅으로 지금이 1등 재벌이 된 겁니다. 반도체로 돈을 벌면 제일 먼저 신사옥 건설을 구실로 강남역 앞의 금싸라기 땅에다 으리으리한 고층 빌딩들을 올렸습니다.

수원, 화성 등지에서 삼성이 땅을 사면 땅값이 수십 배 오르는 게 예삿일이었습니다. 땅 팔아서 차액 남기는 것만 생각하면 안 됩니다. 땅을 담보로 해서 돈 빌리고, 임대료 받고. 임대료로 받는 돈만 해도 얼마인가요? 가령 삼성생명의 경우 비업무용 부동산이 많아요(2019년 기업평가 사이트인 CEO스코어의 분석에 따르면 삼성생명이 보유한 비업무용 부동산은 3조 7000억 원 정도로 추산된다—대담자 주). 부동산 취득 비용보다 임대 보증금이 더 들어옵니다.

재벌들은 부동산을 사기만 하면 자산이 늘어나는 거예요. 거기다 공시지가도 시세보다 현저히 낮으니 얼마나 좋아요. 삼성생명이 부영에 매각한 빌딩의 공시지가는 시세의 30%밖에 안 되는 것을 확인했습니다. 최근 서울역 앞 서울스퀘어는 9800억에 매매됐는데, 공시가격을 보니 4200억이니까 42% 수준입니다. 모든 정부 정책이 재벌에게 유리하게 짜여 있어요.


안진이 ▷ 삼성의 반도체나 휴대전화 부문도 국내에서 고용 창출이 적다고 알려져 있는데, 반도체가 아니라 땅으로 돈을 벌 때는 고용 창출이 아예 안 되겠네요!

**김헌동** 삼성그룹에는 대형 건설사, 설계회사 등 건축·부동산 관련 계열사만 10여 개가 있습니다. 예전에 타워팰리스는 삼성물산, 삼성중공업, 삼성엔지니어링 3사가 나눠 분양했어요. 지금 재벌들은 땅을 늘려서 제조업 공장을 짓기보다 골프장이나 빌딩을 건설하고 아파트를 짓기도 전에 분양합니다. 또 호텔, 빌딩 등을 건설하고 부동산 임대업에 집중하고 있습니다. 공장은 다 동남아나 해외로 이전하고, 국내에서는 노동자 고용이 필요 없는, 몽땅 하청에 의존하는 토건업을 통해 노조 없는 업종을 늘렸습니다. 부동산 임대나 건설업으로 재벌이 업종을 전환하는 것 아닌가 싶어요.

경실련 분석 결과를 보면, 지난 10년간 5대 재벌은 부동산 관련 계열사를 계속 늘렸습니다. 이래서 무슨 고용 창출이 되겠어요? 이대로 가면 미래도 없고 산업도 없고 일자리도 없어요.

〈참고〉 **문재인 정부와 재벌**

재벌 개혁은 2016년 겨울 촛불 시민들의 요구 중 하나였다. 그래서 문재인 정부가 출범하면 강도 높은 재벌 개혁이 이뤄질 거라고 생각한 사람이 많았다. 그러나 김상조 공정거래위원장은 재벌들에게 '셀프 개혁'을 당부하면서 시간을 끌다가 청와대 정책실로 자리를 옮겼다.

더 큰 문제는 문재인 대통령이 직접 삼성 재벌 구하기에 나섰다는 데 있다. 국정 농단 관련 횡령·뇌물죄로 재판 중인 피의자 삼성 이재용 부회장을 대통령이 인도 공장까지 직접 찾아가서 만난 것은 명백한 신호였다. 2019년에도 대통령은 삼성전자 공장을 방문해 "삼성이 1등이 되도록 정부가 돕겠다"며 이재용과 삼성을 경제 살리기의 주역으로 추켜세웠다. 문재인 대통령과 이재용 부회장의 만남은 10차례를 넘기며 계속 이어지고 있다.

얼마 전 이재용 부회장은 검찰 수사심의위원회라는 이례적인 절차를 거쳐 불기소 권고를 받아냈다. 현 정부 임기 중에 삼성전자서비스의 조직적인 노조 파괴 범죄가 드러났고, 삼성바이오로직스 분식회계가 치밀한 계획에 의해 저질러졌음이 밝혀졌지만 엄정한 법적 심판과 처벌이 이뤄질지는 아직 두고 봐야 하는 상황이다.

3년이라는 시간이 흐르는 동안 재벌에 의존하는 경제구조는 바뀌지 않았다. 재벌 총수 일족은 지주회사 제도를 이용해서 오히려 지배력을 강화하고 있다. 공정경제 정책은 실효성이 없는 공정거래법 전부개정안과 상법 개정안을 발의한 것이 전부였다. 오히려 인터넷전문은행 은산분리는 완화했고, 최근에는 비상장 벤처기업 차등의결권과 일반지주회사의 기업주도형캐피털CVC 보유를 허용해 재벌에 더 큰 선물을 주려는 움직임이 보인다.

2016년 촛불의 도화선이 됐던 정경유착은 아직 근절되지 않았다.

안진이 ⟩ 그렇군요. 개인들도 부동산 투기를 하지만 재벌의 부동산 투기는 규모 자체가 다르네요. 언론에서도 이 문제에 침묵해선 안 될 것 같습니다. 그런데 삼성과 현대차만 그런 것은 아니지요? 이명박 정부와 친했다고 알려진 롯데그룹은 어떤가요?

**김현동** 롯데 하면 잠실이지요. 현재의 잠실 제2롯데월드는 본래 석촌호수가 있던 자리를 메워서 만든 겁니다. 대홍수로 강물의 흐름이 바뀌면서 한강이 흐르던 곳이 호수가 되었거든요. 이곳 일대를 롯데그룹이 전두환 정권 말기에 800억 원에 낙찰을 받았습니다. 노태우 정부는 이 땅을 비업무용 부동산으로 분류하면서 매각을 종용했습니다. 그러자 롯데 측은 부지를 팔았다 메웠다, 또다시 팔았다 메웠다 하는 방식으로 시간을 끌면서 20년 가까이 버텼어요. 그러다 2008년에 이명박 정부가 그 부지에 123층짜리 초고층 빌딩 허가를 내주니까 땅값이 무려 8조 원에 이르렀습니다. 건물을 지었으니 이제는 10조 원이 훨씬 넘겠지요. 취득가 대비 엄청난 개발이익을 취했습니다.

롯데는 백화점과 마트 장사로 돈 버는 회사가 아닙니다. 가만히 있다가 정부의 그릇된 특혜성 인허가 하나로 천문학적 불로소득을 손에 넣어 사세를 키워온 기업입니다. 롯데월드를 보세요. 물경 7조 원을 챙겼습니다. 잠실의 제2롯데월드 건만이 아닙니다. 신도시가 건설될 때면 아파트 지을 땅은 재벌 건설회사들 차지입니다. 신도시 안의 가장 노른자위 알짜배기 땅은 언제나 재벌에게 돌아갔습니다. 백화점은 롯데, 병원은 삼성, 주상복합은 현대, 서울 강서구 마곡지구에서는 누가 노른자위 오피스텔 땅을 차지했습니까? LG그룹이 차지했습니다. 그것도 아파트 입주자들 부담금의 절반 가격에 말입니다.

신도시 외에도 구도심 재개발과 재건축 등 재벌의 먹잇감은 넘쳐납니다. 정부가 재벌들이 땅 짚고 헤엄치며 돈을 벌도록 보장해줬습니다. 공짜로 얻은 불로소득은 최소 50%를 나라에서 회수해야 맞습니다. 그런데 개발이익 환수 장치가 실질적으로 사라진 상태예요. 불로소득 환수 장치가 없으니 재벌이 본업에 주력하기보다 비생산적인 부동산 투기를 통해 불로소득을 노리게 됩니다. 재벌 등 대기업이 땅을 사서 모으면 아파트값 거품과 임대료 상승으로 이어집니다. 중소 영세 상인들의 생계가 흔들려요. 정부는 이런 부작용을 알면서도 내버려 두고 있어요.

**재벌이 누리는 특혜, 집값 상승으로 이어진다** ————

안진이      그러니까 반칙을 일삼는 재벌의 보유 부동산에 관한 정보 공개가 우선 필요하고, 다음으로 세금을 제대로 부과해야 한다는 말씀이지요?

## 5대 재벌 소유 토지자산(땅값) 장부가액 변화(1995~2018)

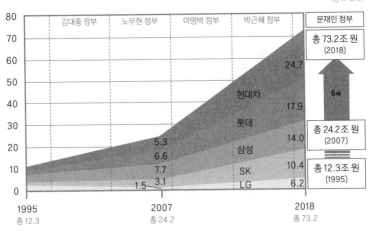

(단위: 조 원)

## 5대 재벌 소유 토지자산(땅값) 장부가액 변화 폭(2016~2018)

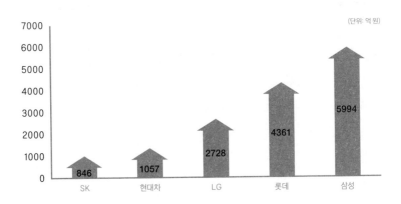

(단위: 억 원)

2부 누가 집값을 끌어올리나?

**김헌동** 분양원가 등의 정보 공개는 이전 정부에서도 하던 것이니 당연히 다시 해야 하고, 불로소득도 환수해야 합니다. 지금 엉터리 기준으로 세금을 걷고 있습니다. 현대차 땅이 2014년 10.5조에 거래됐는데, 세금을 매기는 기준인 공시지가는 2015년에 2.2조로 정했어요. 정부가 낮게 조작한 기준으로 세금 특혜를 준 것이지요. 거래가 10.5조에 거래가 됐다면 10조짜리 땅입니다. 그런데 세금은 왜 2.2조 원을 기준으로 거둡니까? 이런 방식으로 정부가 지난 15년 이상 재벌에게 특혜를 준 겁니다. 나라에서 재벌과 부동산 부자 재산을 불려주려고 작정했다고 봐야지요.

정부가 이와 같은 경제정책 노선을 견지하는데 집값이 안정될 리가 없습니다. 집값이 계속 뛰어 땀 흘려 성실하게 일하는 사람들은 돈을 벌지 못하고, 불로소득을 노리는 자만 더욱 잘살게 되니 지금 사회가 어떻습니까? 아이들의 미래 희망 1순위가 건물주가 되고 말았습니다. 금수저를 입에 물고 태어나지 못한 평범한 집안의 자녀들은 삶의 질이 점점 더 쪼그라들고 있어요. 근무시간에 주어진 업무를 열심히 소화하는 대신 몰래 재테크에 열중하는 사람이 더 많은 소득을 거둔다면 대체 어떻게 생산성이 높아지고 기업 경쟁력이 강화되겠습니까? 정직하면 바보가 되고, 성실하면 가난해지는 사회가 무슨 정의로운 사회인가요?

정의로운 사회와 반대로 가고 있는 것 같아요. 여러 면에서요. 그런데 시민들은 재벌 건설사 특혜라고 하면 아파트를 제일 먼저 떠올리거든요. 아파트와 관련해서 재벌 건설사들이 챙기는 어마어마한 혜택에 대해 설명해주시지요.

시세의 30%에 충분히 팔 수 있는 아파트를 80%에 팔고 차익은 재벌 건설업체가 챙기니까 당연히 수익이 어마어마합니다. 한 단지가 1,000가구면 건설업자가 가져가는 차익만 해도 수천억에 달하겠지요. 그런데도 주변 아파트보다 싸다는 이유로 '로또' 분양이라고들 해요. 로또라고 줄 서서 사는 사람들도 사실은 다 바가지를 씁니다. 공기업과 재벌과 건설업체만 대박이 납니다. 문재인 정부도 그것을 용인하고 있어요. 문재인 정부가 땅을 재벌과 건설업체에 싸게 주는 것과 다름없습니다.

노동자들이 열심히 돈 벌어서 무엇을 하지요? 재벌이 만든 아파트를 다 짓기도 전에 돈을 빌려다 삽니다. 바가지를 쓰는데도 재벌에게 미리 돈을 줘가며 아파트를 분양받지요. 바가지 쓰는 줄 뻔히 알면서도 사고 있어요. 안 살 도리가 없습니다. 왜일까요? 재벌이 만든 아파트를 사지 않으면 남보다 뒤처지기 때문이지요. 정부가 집값을 계속 끌어올리니까 국민은 손해를 보지 않기 위해 돈을 빌려서 집을 사는 겁니다. 그래서 지금 온 국민이 고생하고 있습니다

얼마 전 문재인 정부가 발표한 '한국판 뉴딜'도 재벌과 관련이 있잖아요? '그린뉴딜'을 한다면서 국고로 전기차-수소차 인프라를 구축한다는 것은 현대차에 지원한다는 뜻이고요. 처음에는 SOC 사업은 없는 것처럼 하다가 며칠 후에 SOC 사업 30조 원+α 를 슬그머니 발표했습니다. 어떻게 보십니까?

재벌이 설비투자를 하지 않고 기술 개발을 하지 않습니다. 정부 관료는 구태 정치를 일삼는 정당을 이용해서 낡은 방식으로 경기를 부양하고 경제성장률을 지탱시킬 방법을 찾습니다. 지금 문재인 정부가 '그린뉴딜'을 하겠다는데 이명박 정부의 '녹색성장'이 연상되지 않습니까? 녹색성장 때는 투입 예산이 50조 원이었는데 이번엔 160조 원에 달합니다. 지금까지 정부들이 경제가 안 좋을 때면 뉴딜을 붙여 사업을 시행했는데, 노무현 정부, 이명박 정부 그리고 문재인 정부가 유독 토건 사업에 집착하는 모양새입니다.

정부가 추진하는 대규모 개발 사업은 재벌 토건회사에 일감을 줍니다. 대규모 토건 사업을 수주하는 회사는 대부분 재벌이니까요. 이명박 정부의 4대강 사업에서도 8조 규모 하천 공사와 보 공사 등의 대규모 사업을 수주한 회사는 대부분 재벌이었고 그들이 절반 이상의 물량을 가격 담합으로 챙겼지요.

문재인 정부는 도시재생 뉴딜사업 50조 원으로 모자라서 그

2~3배에 달하는 예산을 들여 재벌 기업에 특혜를 주는 사업을 시행하려고 합니다. 이렇게 무분별한 개발을 하면 투기 세력들의 먹잇감도 늘어납니다. 그래서 숫자상의 경기 부양에는 성공하지만, 땅값과 집값은 더 오르게 됩니다. 지금까지도 그랬어요. 용산 미니 신도시 개발은 20~30조짜리. 강남 삼성동과 잠실 주변 개발은 50조짜리. 경기 부양을 하려고 이런 발표를 할 때마다 주변 집값이 들썩거립니다. 개발독재 시대에도 이렇게는 안 했어요. 강남으로 오는 광역철도망, 강남에 105층 빌딩 허가, 잠실에 있는 야구장에 호텔 건립 등 가뜩이나 집값이 오르고 폭발하는 동네에다가 더 투자하겠다는 바보 같은 계획이 어디 있습니까?

8.4대책은 아예 강북권 재개발·강남권 재건축 사업에 공공이 참여하고 용적률(250%에서 500%로)과 높이(30층을 50층으로) 규제를 완화한다는 내용입니다. 강북 재개발 지역의 빌라와 다세대주택 가격이 뛰는 이유가 여기에 있습니다. 정부가 투기를 오히려 조장하고 있습니다.

또다시 경기 부양을 위해 도시를 개발의 대상으로 삼아서는 안 됩니다. 경제가 어렵고 힘들더라도 이렇게 가서는 안 됩니다. 돈이 사회적 약자에게 가고 생산적인 방향으로 흘러갈 수 있도록 정책을 만들어야 합니다. 당장 사람부터 바꿔야 합니다.

## 〈참고〉 현대차 불법파견 문제, 한전 부지 매입비의 0.6%면 해결 가능

대법원은 2010년 7월 22일 현대자동차 사내 하청 노동자 최병승 씨 사건에서 현대차의 불법파견을 인정하고 최 씨를 정규직이라고 확인했다. 이후 10년간 법원은 현대·기아차 관련 재판에서 완성차 공장의 거의 모든 공정에서 불법파견을 인정했다. 고용노동행정개혁위원회도 법원 판결에 따라 현대·기아차에 직접고용 시정명령을 내려야 한다고 고용노동부에 권고했다. 그러나 고용노동부의 관료들은 현대차의 불법파견 범죄 사실을 알고 있었으면서도 아무런 조치를 취하지 않았다. 단 한 번의 시정명령조차 내리지 않았다. 그 결과 지난 10년간 32차례의 불법파견 판결에도 현대·기아차는 문제 해결에 나서지 않고 있다. 현대·기아차 비정규직 노동자들은 불법파견 문제를 바로잡으라고 촉구하는 투쟁과 농성을 아직도 끝내지 못하고 있다.

2014년 5월 손정순 성공회대 연구교수(한국비정규노동센터 부소장)가 분석한 바에 따르면 현대차가 직접 생산 사내하청 노동자 5744명(금속노조 현대차 비정규직지회가 정규직화를 요구하는 인원 전체)을 정규직화하는 비용 총액은 연간 645억 8700만 원이었다. 이 금액은 2014년 현대차 당기순이익의 1.24%, 영업이익의 1.74%에 그치는 규모였다. 그리고 현대차의 서울 삼성동 한전 부지 매입 비용(10조 5500억 원)의 163분의 1에 불과했다. 현대가 한전 부지 매입에 쏟아부은 돈의 0.6%면 비정규직 없는 자동차 공장이 만들어지고 10년을 끌어온 불법파견 문제가 말끔히 해결된다는 뜻이다.

땅을 사들이는 데 큰돈을 썼고 그 땅의 가격이 올라서 더 큰돈을 벌었다. 그러나 비정규직을 직접 고용해서 좋은 일자리를 창출하는 데에는 돈을 쓰지는 않는다. 법원 판결이 나왔는데도 이행하지 않는다. 아니, 그렇게 하지 않아도 된다. 법원 판결을 이행하지 않아도 아무런 제재를 받지 않으니까. 한국 사회는 늘 이렇게 돌아간다.

2부에서 투기의 몸통이 누구인지 밝혔다. 그래도 답답함이 남는다. 현 정부 들어 23회의 헛발질 부동산 대책이 나왔다. 그걸 만든 사람은 누구인가? 정말 시행해야 할 제도와 정책을 가로막은 사람은 또 누구인가? 정치권에서는 누가 책임을 져야 하는가?

투기하기 좋은 나라를 만든 정치인과 공직자 비판을 하면 끝도 없다. 개발독재 정부 시절로 거슬러 올라갈 수도 있고, 김대중 정부 때의 규제 완화를 출발점으로 삼을 수도 있다. 이명박·박근혜 정부가 원인을 제공한 측면도 분명 있다. 그러나 현 정부가 출범한 지 3년이 훌쩍 넘었다. 이제는 남 탓을 할 시기는 아니다.

이 책은 현 정부의 정책 실패를 파헤쳐 비판하는 책이기 때문에 정부와 여당의 인물들에게 초점을 맞춘다. 또 참여정부의 부동산정책을 결정했던 인물을 상당수 거론한다. 이는 김헌동 본부장이 직접 경험한 일들을 중심으로 이야기를 전개하기 때문이기도 하고, 현 정부 부동산정책을 좌지우지하는 인물들이 참여정부 당시 정책을 결정했던 인물들과 겹치기 때문이기도 하다. 또 '개혁' 정부라고 했던 참여정부가 실제 정책 입안과 실행 과정에서는 토건족과 관료에 밀려 결과적으로 부동산정책에서 실패했던 과정을 제대로 짚어볼 필요가 있다고 판단했기 때문이다.

인물 이야기를 인터뷰로만 전달하는 것에는 한계가 있어서, 3부는 이 책의 나머지 부분과 형식을 조금 달리했음을 미리 밝혀둔다.

# 3부

## 그래서 '누가' 집값을 올렸나?

### 현 정부와 여당 인물들에 관한 회고

## 분양원가 공개 약속, 누가 어떻게 뒤집었나(2004) ─────

2002년 12월 대선에서 노무현 후보는 아파트 분양원가 공개 등 부동산 투기 근절을 공약으로 내걸었다. 개혁을 외치고 당선됐다. 그러나 약속은 뒤집혔다. 참여정부는 무려 30회의 부동산 대책을 발표했지만, 집값을 폭등시킨 정부로 역사에 남고 말았다.

2004년 6월 10일 노무현 대통령의 발언은 집값에 결정적인 영향을 미쳤다. 탄핵 사태의 역풍으로 4월 총선에서 열린우리당이 152석을 얻은 직후, 노 대통령은 민주노동당 의원들과 만난 자리에서 "아파트 분양원가 공개는 개혁이 아니"라면서 "장사하는 것인데, 10배 남는 장사도 있다"라고 말했다. 열린우리당의 분양원가 공개 공약을 대통령이 파기한 것이었다. 당시 분양원가 공개는 열린우리당

뿐만 아니라 한나라당, 새천년민주당, 자유민주연합, 민주노동당의 총선 공약이기도 했다. 정당들이 착해서 그런 건 아니었다. 각종 여론조사에서 국민의 80% 이상이 분양원가 공개를 찬성하는 상황이었다.

노 대통령의 발언은 국민의 주거 안정과 공공복리 증진을 목적으로 설립된 주택공사나 토지공사 같은 공기업을 "장사"하는 기업으로 취급했다는 점에서도 부적절했다. 토지공사가 국민을 상대로 장사를 해서 10배의 이윤을 남겨도 된다면 사기업과 다른 점이 무엇인가? 그런 논리라면 수도나 전기 요금을 10배 올려도 되는 것인가? 당시 김헌동 본부장은 "국민의 세금으로 지탱하는 공기업인 주공을 장사꾼으로 보는 것이 대통령의 생각이라면 차라리 주공을 해체하고 완전히 시장에 맡기면 될 것"이라며 강력 비판한 바 있다.

당시 열린우리당 의장이었던 김근태는 개인 성명을 발표해 "계급장 떼고 토론하자"라고 제안했다. 이때 김근태를 공격하고 노 대통령의 개혁 후퇴 발언을 적극 옹호했던 사람이 유시민 당시 국회의원이다. 유 의원은 언론 인터뷰에서 "분양원가에는 건축비뿐 아니라 홍보 비용이나 마케팅 비용 등도 포함되기 때문에 파악이 어렵다"라고 건설업계의 주장을 대변하면서 분양원가 공개에 반대 의사를 피력했다. 분양원가 공개는 불가능하니 공공택지에 '원가연동제를 도입'해서 집값을 떨어뜨리자는 것이 당시 열린우리당 내 분양원가 반대론자들의 주장이었다.

공공 분양원가 공개가 무산되고 나서 아파트값은 더욱 급격하게 상승했다. 2005년 초부터는 판교 신도시 주변 분당, 용인, 과천, 평촌 등지에서 집값이 폭등했다. 총선에서 여당에 표를 던졌던 국민은 배신감을 느꼈고, 노 대통령과 열린우리당의 지지율은 하락 곡선을 그렸다. 그리고 뜻밖의 일이 벌어졌다. 유시민 등이 반대했던 아파트 분양원가 공개를 2006년 야당 서울시장 당선자 오세훈 서울시장이 실행에 옮긴 것이다.

김헌동 2006년 9월 20일경 야당 오세훈 서울시장을 만나 1시간 반 정도 이야기를 나눴습니다. 오 시장은 저를 만나자마자 "무엇을 하면 되겠습니까? 당신이 시장이라면 뭘 하겠습니까?"라고 물었어요. 그래서 "선언부터 하시라"라고 했어요. '나는 앞으로 아파트를 다 지어놓고 팔겠다. 나는 아파트의 분양원가를 상세하게 공개하겠다. 나는 법이 정한 대로 분양가상한제를 엄격히 적용하겠다.' 이 세 가지를 선언하라고 권했습니다. 다른 것은 뒤로 미뤄도 괜찮다, 부동산과 건설 개혁 TF를 만드시라, 굵직한 세 가지 정책 이외의 것은 TF에서 하나하나 정해가면 된다고 했습니다. 그리고 최대한 빨리 언론에 공표하라고 했지요. 오 시장은 신속하게 서울시 직원들을 설득해서 선언하겠다고 대답했습니다. 그리고 9월 26일에 기자회견을 열어 이른바 '오세훈 3종 세트'를 정말로 발표했습니다. 5일이라는 짧은 시간 동안 서울시 관료들을 설득했지요. 파장이 컸어요. 3일 후에 대통령이 〈손석희의 100분 토론〉 100회 기념 인터뷰에서 '분양원가 공개는 거스를 수 없는 대세'라고 발언하게 됩니다. 노무현 대통령은 3년 동안 고집을 부렸는데, 야당 서울시장이 하겠다고 하니까 3일 만에 고집을 꺾었어요. 엄청난 변화였습니다.

노무현 대통령은 뒤늦게 분양원가를 공개하겠다고 밝혔지만, 이전의 약속 파기에 대한 사과는 없었다. 그저 "분양원가 공개가 대세지요. 시민들 대다수가 원하니 안 할 수가 없다"라는 식의 미지근한 발언만 있었다. 이미 임기 말이었고, 여당 지지율은 바닥으로 떨어져 있었다. 관료들과 관료 출신 의원들은 또 위원회를 만들어 시간을 끌면서 분양원가 공개를 무용지물로 만들려고 했다.

**김헌동** 대통령이 2006년 9월 28일 생각을 바꿨는데도 불구하고 관료들은… 그때 열린우리당이 부동산특위를 만들었고 이미경 의원이 위원장이 됐는데 강봉균, 홍재형 등 관료 출신 의원들이 집요하게 반대를 했습니다. 분양원가 공개와 분양가상한제 둘 다 반대했어요. 그래도 이미경 의원이 밀어붙였고 한명숙 총리가 뒤늦게라도 협조한 겁니다. 2004년 6월 계급장 떼고 토론하자고 제안했던 김근태 당 의장도 적극 지원을 했지요. 안건을 대통령 주재 회의로 가져가서 논의했다고 해요. 그런데 2007년 초에는 이미 대통령의 힘이 빠져 있었어요. 나중에 한명숙 총리와 이미경 위원장에게 들으니 청와대 회의에 이용섭 건교부 장관(현 광주시장)과 권오규 재경부 장관이 분양가상한제와 원가 공개의 장단점 보고서를 가져왔는데 단점은 3페이지로 나열한 반면 장점은 딱 0.5페이지였다고 합니다. 관료들이 그런 보고서를 가져온 걸 보고 한명숙 총리가 '아, 이건 해야 하는 거구나'라는 생각이 더 강하게 들어서 그 자리에서 세게 발언하고 분양원가 공개와 분양가상한제를 관철했다고 해요.

이렇게 해서 참여정부 말기인 2007년 4월에 분양가상한제, 분양원가 공개, 토지임대부 건물분양 등 소비자 중심 정책과 법이 마련됐다. 2009년에는 한나라당 의원 182명이 당론 발의로 토지임대분양주택법을 통과시켰다. 김 본부장은 2008년 금융위기 이후 2010년부터 아파트값이 안정 또는 하락한 원인이 2009년에 만든 보금자리주택 건설 등에 관한 특별법과 보금자리주택 250만 호 공급 대책 등에 있다고 본다.

나중에 보건복지부 장관이 된 유시민은 이런 상황 전개를 보고 무슨 생각을 했을까? 그는 공공아파트 분양원가 공개에 관해 침묵을 지켰다. 그러다 2007년 대통합민주신당 대선 예비후보로 출마하면서 새만금에 골프장 100개를 짓겠다는 '사상 최대의 건설 공약'을 내걸었다. 골프장을 많이 지어놓으면 동남아 사람들도 새만금에 골프를 치러 올 것이라고 했다. 재벌의 먹잇감인 개발 사업과 토건은 여와 야가 따로 없었다.

**김헌동** 선분양 특혜를 누리는 공급자에게 용지 추첨 및 독점을 통해 또 다른 특혜가 제공되는 불공평한 현실에서 분양원가 공개와 분양가상한제는 소비자 보호를 위한 최소한의 보호 장치입니다.

그런데 참여정부 때 시민단체인 참여연대 역시 2004년 6월 유시민 등과 같은 논리를 피력했습니다. 또 일부 시민운동가는 2007년 (부터 최근까지도) 분양원가 공개와 분양가상한제가 집값 안정에 도움이 되지 않는다며, 저를 개인적으로 공격하기도 했습니다. 이들은 법이 통과될 당시에도 반대 견해를 표명했습니다. 심지어는 2014년 여야가 야합을 벌일 때 가담한 자들도 있습니다. 대체 누구를 위해, 무엇을 위해 시민운동을 하는 것인지. 이해가 되지 않습니다.

참여정부 시기에 정치적으로 참견했던 사람들이 문재인 정부에도 비슷한 행동을 반복했습니다. 그리고 2019년 11월 19일 대통령 발언 이후부터 이 정부의 부동산값 폭등에 대한 인식은 숨길 수 없게 들통났지요. 문재인 정부의 부동산정책에 직간접적으로 관여해온 시민운동가들과 시민단체들에게 물어보고 싶습니다. 지금 이 상황에서, 시민들 앞에 얼굴을 들 수 있겠습니까?

하나만 더 이야기하지요. 문재인 대통령은 참여정부 시기 민정수석, 비서실장 등의 중요한 역할을 했습니다. 그러나 문재인 대통령은 참여정부 부동산정책에 대해서는 당시든 그 이후든 언급한 적이 별로 없습니다. 국회의원 시절, 야당 대표를 하던 시절도 마찬가지입니다. 박근혜 정부 시기 부동산 법들이 개악될 때, 문재인 의원은 무엇을 했지요? 대통령이 된 이후 "집값과 부동산 문제는 확실하게 잡겠다"라고 했고, "부동산 문제는 자신 있다"라고 했고, 2020년에는 "취임 이전 수준으로 낮추겠다"라고 했습니다. 하지만 대통령 당선 이전만 보더라도, 저런 말들을 믿기는 어렵지 않나요?

#분양원가공개 #노무현 #유시민 #김근태 #오세훈 #이미경 #한명숙


## 참여정부의 토건족과 관료들(2003~2007) ─────────

### 1) 김진표: 유능한 관료? 재벌의 대변자?

노무현 전 대통령이 당선자 시절부터 "가장 유능한 관료"라고 부르며 신임했던 인물. 참여정부에서 경제부총리와 교육부총리를 지낸 후 민주당의 정책위의장과 원내대표를 역임할 정도로 잘나갔던 인물.

김헌동의 부동산 대폭로, 누가 집값을 끌어올렸나

바로 김진표다.

'모피아'(MOFIA: 기획재정부의 경제 관료 집단을 마피아에 빗댄 말) 출신 김진표는 전형적인 모피아의 사고방식을 가지고 있었다. '경제의 파이를 키우자. 분배는 나중이다. 거품을 만들어서라도 파이를 키우자.' 그래서였는지 그는 경제부총리 취임 직후부터 골프장 건설 등을 통한 건설 경기 부양을 추진했다. '레저 산업의 투자 촉진'을 위해서라며 수도권에서만 40여 개의 골프장 신축을 허가하고 스키장 건설 및 확장을 대폭 허용했다. 건설업체와 투기 세력에는 굉장한 호재가 아닐 수 없었다.

아파트값은 급등세로 바뀌었고, 정부 출범 두 달 뒤인 2003년 4월에는 서울 아파트의 평당 평균가격이 1000만 원을 돌파했다. 그해 10월 참여정부는 거창한 말과 함께 10.29대책을 발표했으나 분양원가 공개, 보유세 중과세 등 국민적 요구 사항은 빠져 있었다. 그러자 김진표 경제부총리는 대책 발표 다음 날인 10월 30일 기자들과 만난 자리에서 "젊은 네티즌을 중심으로 좀 더 강력한 조치를 취해야 한다는 여론이 있는 것 같은데, 더 강력한 것은 사회주의적인 것밖에 되지 않는다"라는 이른바 '사회주의 발언'을 내놓았다. 여론의 반발이 더 커지자 김 부총리는 며칠 후 "아파트 분양원가 공개에 반대하는 것은 내가 아닌 건교부"라면서 한발 물러섰다. 경실련에서는 2004년 2월 6일 〈김진표 부총리는 건설업계의 대변자인가〉라는 성명을 발표했다.

참여정부 시절 요직을 거쳤던 김진표가 남긴 적폐는 부동산에 국한되지 않는다. 그는 '삼성의 X맨'이라고 불리는 친재벌 정치인으로 참여정부에서 법인세 인하 등을 주장했고 이명박 정부 때 실행되는 '부자 감세'의 기반을 닦았다.

분양가가 상승한 이유는 김대중 정부가 2000년 '규제 완화'의 일환으로 '분양가 자율화'를 도입하면서입니다. 주역은 이헌재, 진념 전 경제부총리와 강봉균 전 청와대 수석이었습니다. 그 뒤를 이은 김진표, 최종찬, 강동석, 한덕수, 추병직 등 전·현직 경제부총리와 건교부 장관 들도 같은 맥락 위에 있습니다. 이들은 모두 개발독재 정권 아래서 개발 붐을 일으켜 거품 경제를 일으켜온 주역들입니다.

－《프레시안》 인터뷰, 2006. 11. 9.

## 2) 이헌재: 규제 화끈하게 풀고 골프장 230개 짓자

2004년 2월, 김대중 정부 때 재정경제부 장관을 지냈던 '정통 경제 관료' 이헌재는 참여정부 경제부총리로 다시 등장했다. 이때 조중동 등의 보수 언론은 '개혁의 전도사'가 돌아왔다는 찬사를 쏟아냈고, 노무현 대통령은 "작금의 고비만 넘기면 2~3년 내에 좋은 세상이 온다"라고 말했다.

경제부총리 자리에 앉자마자 이헌재는 토지 규제가 너무 많다면서 도시민의 농지 취득 조건 완화 등 규제 완화를 위한 로드맵을 만들라고 지시했다. 토지 규제를 완화한다고 하니 투기 세력이 토지 시장으로 눈길을 돌린 것은 당연한 일. 그리고 2004년 7월 1일, 이헌재 부총리는 〈건설경기연착륙방안〉이라는 이름으로 SOC 등 건설 투자 확대와 주택 건설 지원책을 발표했다. '정부의 10.29대책으로 건설업계가 위축되어 있는데 5% 경제성장을 위해서는 건설업계에 활력을 불어넣어야 한다'라는 전형적인 관료의 논리였다.

전국에 골프장 230개를 지어 일자리를 만든다고 했다. 골프장이 가치를 창출하고 지역 경제 활성화에 도움이 된다는 이헌재와 재경부의 논리는 매우 의심스러운 것이었다. 반면 부작용은 명백했다. 전국 곳곳에 골프장 건설 붐이 일면서 주민과 개발업자 간의 갈등이 불거지고 투기가 확산되었다. 그러나 이헌재 부총리는 골프장 경기 부양으로 만족하지 않고 전경련 등 재계의 민원 사항이었던 '기업도시'까지 추진해 전국을 땅 투기판으로 만들었다.

이헌재는 부동산과 건설 경기 부양을 위해 청와대 이정우 정책실장과 힘겨루기를 해가며 참여정부의 10.29대책을 무력화했다. 1가구 3주택자 양도세 중과에 공공연히 반대하는 기자 간담회를 여는가 하면 '건설 경기 여착륙'을 명분으로 지방에 지점된 투기지역을 해제했다. 부동산값이 다시 폭등하는 한이 있더라도 5% 성장률 달성이 중요하다는 것이 이헌재와 관료들의 생각이었다.

이헌재는 공공아파트 분양원가 공개에 대해서도 반대 의견을 제시했다. 강동석 건교부 장관도 반대했고 주택공사 사장도 반대했다. 10.29대책에 포함된 주택담보대출 규제, 양도세 중과, 고분양가에 대한 세무조사 등이 이헌재의 입김 아래 무력화되었다. 이헌재 자신이 한남동 빌라, 도곡동 빌라, 역삼동 오피스텔 등을 보유한 1가구 3주택 소유자였다. 집값은 하늘 높은 줄 모르고 뛰기 시작했다.

2005년에 이헌재가 낙마한 과정 역시 부동산과 연관이 있다. 그해 2월, 고위 공직자 등의 재산 변동 내용이 공개되면서 국민의 분노가 터져 나왔다. 가계부채, 청년실업, 양극화 심화로 국민이 신음하던 때였는데 1급 이상 고위 공직자의 75% 이상은 재산이 늘어났던 것이다. 특히 국무위원 가운데 재산 증가액 1위를 기록한 이헌재는 신고한 것만 4억 7000만 원이 늘었다. 그 대부분은 부동산을 팔아 남긴 시세 차익이었다. 그의 부인은 위장전입을 통해 경기도 광주시 초월면의 임야와 전답을 매입한 정황이 있었고, 전북 고창에도 부인과 처남의 땅이 있었는데 그 땅이 지역 특구에 지정됐다.

노무현 정부 부동산정책의 최대 수혜자가 이헌재 부총리라는 말이 돌았다. 그런데도 청와대는 '이헌재 유임'을 발표했다. 당시 노무현 대통령은 물론이고 문재인 청와대 민정수석, 이해찬 국무총리 모두 이헌재를 감쌌다. 그러나 이헌재는 성난 민심을 이기지 못하고 3월 7일 결국 부총리직에서 물러나게 된다. 노무현 대통령은 '여론재판에 떠내려간 장수'라며 안타까워 했다.

### 3) 추병직: 국토부 엘리트는 이렇게 산다

추병직은 1973년 행정고시에 합격해 건설부, 건설교통부에서 계속 일했다. 1998년에 건설교통부 주택도시국장, 1999년 기획관리실장 등 엘리트 코스를 밟다가 2002년부터 2003년까지 차관직을 수행했다. 2000년 국민의 정부 시절 분양가 자율화, 분양권 전매 허용, 2기 신도시 개발 계획 등의 정책을 입안한 장본인이 바로 추병직이다. 다시 말하면 추병직은 개발업자들이 요구하는 정책들을 거의 그대로 시행해서 집값을 올려놓은 관료 중 하나였다. 이런 관료들이 참여정부에서도 그대로 자리를 유지하고 있었다.

　김헌동 본부장은 "노무현 정부가 내놓은 부동산정책도 모두 재벌과 개발업자인 공급자 집단을 위한 정책으로 일관"됐으며 "서민을 위한 부동산정책이 나올 수가 없는 구조"라고 일갈했다.

　추병직은 건교부 차관으로 있다가 제17대 총선에 열린우리당 소속으로 고향인 구미시을 지역구에 출마했다가 낙선했다. 이듬해인 2005년 건교부 장관이 되어 8.31대책, 3.30대책 등의 부동산 대책을 내놓았다. 하지만 2006년부터 시작된 전세난이 집값 상승으로 번지면서 그의 사퇴를 요구하는 목소리가 커지기 시작했다. 그 무렵 그가 '신도시 파동'을 일으킨다.

2006년 10월 23일, 추병직 건교부 장관은 불쑥 기자실을 방문해 신도시 개발 계획이 있다고 발표했다. 강남 집값을 잡기 위해 신도시를 더 만들겠다는 것. 나중에 밝혀진 바에 따르면 그 발표는 당정 협의나 관련 부처 협의도 거치지 않고 졸속으로 이뤄졌다. 투기 억제 대책? 그런 것은 없었다. 졸속 신도시 발표의 결과는 '추병직발 부동산값 폭등'이었다.

언론에서 개발 후보지라고 지목하는 인천 검단, 파주, 동탄 등의 집값과 땅값은 하루 5000만 원씩 폭등했고, 일부 지역은 개발이 어려운 농지까지도 가격이 급등했다. 투기 바람은 수도권 전 지역으로 번져갔다. 추 장관이 '규제를 절대 풀지 않겠다'라고 했던 재건축 시장도 상승세가 지속됐다. 당시 경실련은 "부동산정책 집행과 개발 책임자이면서도 공급확대 외에는 다른 정책 대안을 제시하지 못하고 있고, 부동산 가격 안정보다는 투기를 조장하고, 개발·공급만이 모든 것을 해결할 수 있다는 신념을 가지고 있기에, 추 장관이 있는 한 국민 누구도 부동산 가격이 안정되리라는 믿음을 가질 수 없다"면서 추 장관의 사퇴를 촉구했다.

하지만 여당과 야당, 시민사회의 비판이 집중되는 가운데 열린 11월 국정감사에서 추병직은 당당하게 "나는 부동산 전문가"라면서

"국민이 잘 몰라서 집값이 오르는 것"이라고 답변했다. 또 규제 때문에 주택 공급이 줄어들어서 집값이 오르는 것이라고 주장했다. 이처럼 그는 오랜 기간 건설교통부에서 일하면서 공급확대론에 깊이 물든 사람이었다. 그가 장관으로 재임할 때 전국 아파트값은 23%나 올랐다.

장관직에서 물러난 후 추병직은 무엇을 했을까? 목포해양대학교 제5대 총장, CJ대한통운 사외이사, 대한건설진흥회 회장 등의 직책을 맡았다. 2017년부터는 주택산업연구원 이사장직을 맡고 있다.

**김헌동** 토건 관료가 가득한 상황에서 학자 출신이 청와대에 들어가면 어떻게 되는가. 관련해서 참여정부 이정우 전 정책실장 이야기를 하지 않을 수가 없네요. 제가 학자 출신인 이정우라는 사람을 처음 만난 때는 2002년 12월입니다. 대선이 끝나고 대통령직 인수위원회에서 경제분과를 맡고 있던 이정우, 허성관, 이동걸, 정태인 이렇게 네 사람과 경실련 그리고 함께하는시민행동이라는 예산 감시 운동 단체가 만났습니다. 거기서 노무현 정부 경제정책의 두 축을 하나는 국가 예산 절감, 또 하나는 아파트 후분양제 도입으로 추진하면 좋겠다고 정책을 제안했지요.

과거 김대중 정부에서 국가 예산 20% 절감을 위해 최저가낙찰제를 확대하기로 로드맵을 제시하고 추진했는데 관료들에 의해 무력화됐거든요. 그래서 노무현 정부에서는 반드시 실현했으면 좋겠다고 이야기했습니다. 가격경쟁입찰과 아파트 후분양제, 이렇게 두 정책을 노무현 정부의 최우선 국정 과제에 포함시켜 추진하겠다고 인수위의 네 사람이 구두로 약속했습니다.

그리고 노무현 정부 출범 직후인 2003년 3월부터 6월까지 제가 한 달에 두세 번 이정우 위원장을 찾아가서 도와드렸습니다. 정책 자문을 한 것입니다. 김대중 정부에서 어느 관료가 어떤 농간을 부려서 대통령이 추진하고자 하는 국정 과제를 흔들고 무력화시켰는지 제가 경험한 바를 상세히 설명했습니다.

그러던 중에 첫 번째 과제였던 가격경쟁입찰에 관해 또다시 로드맵을 만든다고 하더군요. 김대중 정부에서도 관료들이 로드맵을 만들어서 무력화시켰고, 노무현 정부도 역시 로드맵이라는 방법으로 무력화를 시도한 겁니다. 결국 가격경쟁입찰은 무력화되고 말았습니다.

아파트 후분양제 도입도 마찬가지였어요. 이정우 정책실장이 대통령에게 보고해서 대통령이 건교부 장관에게 직접 지시했는데, 장관이 '알겠습니다' 하고 가서는 후분양제 로드맵을 만든다고 했어요. 그러더니 국토연구원에 용역을 줍니다. 용역 보고서가 나오는 데만 1년이 걸렸어요. 결과는 '도입하긴 하되 전면 시행하지 말고 단계적으로 찔끔 실시하자'였습니다. 단계적 실시의 1단계가 언제인지 봤더니 노무현 정부 임기 마지막 해인 2007년이었어요.

사실 저는 그런 보고서가 나올 것을 예측하고 이정우 실장에게 미리 알려줬습니다. 뚜껑을 열어보니 정말로 그런 보고서가 나왔던 겁니다. 대통령이 지시하면 관료들은 일단 '예'라고 말한 후에 시간을 끌고, 다시 지시하면 용역을 줍니다. 단계별 추진, 시범적 추진 로드맵 등은 재벌이 싫어하는 일을 아는 관료가 대통령 지시로 마지못해 추진할 경우 사용하는 방식입니다.

대통령 지시 후 1년이 지난 2004년 4월에 국무회의에서 후분양제 시행을 의결합니다. 〈후분양제 활성화 방안〉이라는 제목으로 공표가 됐어요. 국민과의 약속이에요. 그런데 2007년에 또 "1년만 연기하자"라고 했어요. 그 후에는 이명박 정부로 넘어가면서 슬그머니 사라져 버렸습니다.

2004년 경실련에 아파트값거품빼기운동본부를 만든 것도 사실은 노무현 정부가 관료들에게 또다시 속거나 당하지 않게 도와주려고 했던 겁니다. 말하자면 외부에서 관료 개혁을 도와주려고 했어요. 그런데 개혁 정부의 대통령이라던 노무현 대통령은 관료 출신 이헌재의 말을 다 받아들였어요.

이헌재는 삼성과 중앙일보 사장이 추천한 인물로 알고 있습니다. 김대중 정부에서 금감원장 하면서 삼성을 살려놓은 사람이에요. 노무현 대통령은 관료 출신 이헌재가 '노' 하면 분양원가 공개든 뭐든다 이헌재의 말을 따라줬어요. 그래서 이정우 정책실장이 2004년 5~6월부터 힘을 못 쓰게 된 겁니다.

2004년 하반기였던가, 경실련 주요 임원들이 청와대 국민경제자문회의 의장을 만난 적이 있습니다. 그 자리에서 이정우 실장이 이미 부동산정책을 정문수 경제보좌관에게 넘겨서 자기에게 결정권이 없다고 말했어요. 정문수는 원래 인하대 교수였는데, 이헌재가 추천한 인물 같았어요. 당시 청와대에서는 정문수 경제보좌관이 부동산정책을 총괄하고 있었습니다. 청와대 사회정책비서관이었던 김수현은 정문수의 의견을 따라갔지요.

2003년 처음 청와대에서 만났던 김수현은 이정우 실장이 위원장을 겸직하던 빈부격차·차별시정위원회의 비서관이었지요. 그러던 그가 어느 순간부터 정문수, 이헌재와 호흡을 함께 하며 정책을 결정하기 시작한 겁니다. 그래서 참여정부에서는 개발독재 관료들에 의해 토건업계를 위한 정책만 계속 쏟아져 나왔습니다. 결과적으로 참여정부 끝날 때까지 집값은 계속 폭등을 했어요.

이정우 실장이 관여한 부동산정책은 임기 첫해인 2003년에 나온 10.29대책입니다. 그 나름대로 강력한 대책이었는데 그중에 법과 제도로 만들어진 것은 한 건도 없습니다. 대책만 발표하고 법·제도로 만들지 못했어요. 그래도 그때는 의석수가 부족했기 때문이라는 핑계를 댈 수는 있었지요. 아파트 구입 때 자금 출처를 조사하자고 하니까 김진표 부총리가 사회주의 정책 하자는 거냐고 태클을 걸었고요. 김진표의 후임으로 온 이헌재 역시 이정우 실장 말을 듣지 않았던 것 같았습니다. 학자 출신인 이정우 전 청와대 정책실장은 관료 생활을 해본 적도 없었고 현장에서 일어나는 일들을 파악해 문제를 해결할 능력이 부족했지요. 대통령은 관료 출신 이헌재의 손을 들어 줬습니다.

문재인 정부에 와서도 똑같은 현상이 나타나고 있어요. 대통령이 자기의 부족한 지식과 경험을 채워줄 사람을 잘 선택해야 하는데, 유학파 명문대 출신을 청와대에 데려다 앉히는 데서부터 어그러지기 시작하는 겁니다. 그들이 실무 경험이 부족하다는 이유로 정작 경제 부총리 같은 자리에는 재벌과 친한 관료 출신을 임명합니다.

#김진표 #모피아 #추병직 #이헌재 #강봉균 #골프장_경기_부양 #신도시 #기업도시

## 그때나 지금이나, '공급확대론자'는 건재하다 (2000~2020)

지난 3년 문재인 정부의 부동산값 폭등은 여러 면에서 참여정부 시기의 부동산값 폭등을 떠올리게 한다. 놀랍게도 인물도 많이 겹친다. 참여정부 시기에 부동산정책을 주도했던 인물들이 문재인 정부에서도 똑같이 권한을 가지고 정책에 관여했다. 대표적인 인물이 이해찬, 김수현, 김병준이다.

이해찬은 대표적인 '공급확대론자'다. 그는 2004년부터 판교 신도시 개발 과정에 깊이 관여했다. 2004년 총리 내정자 시절, 대통령의 "분양원가 공개 반대" 발언 다음 날 코드를 맞춰 분양원가 공개 반대 의사를 표명했다.

2002년부터 강남 재건축 단지에서 시작된 집값 불안이 확산되자 당정은 2003년 다시 협의를 거쳐 판교 신도시의 공급 가구 수를 늘리기로 했다. 분양 시기도 2005년 상반기로 앞당겼다. "강남 같은 신도시를 늘려(제2강남) 강남 아파트값을 잡겠다"라는 공급확대론자의 논리에 따른 것이다. 그런데 2005년 이른바 '판교발 집값 폭등'이 나타났다. 판교 중대형 아파트의 평당 분양가가 2000만 원에 이를 것이라는 전망이 나오자마자 분당, 용인, 과천 등 주변 집값이 폭등했던 것이다. 판교 신도시를 건설해 강남과 주변 집값을 안정시키겠다고 했는데 거꾸로 판교가 집값을 올리고 있었으니, 정부도 개발 계획을 재검토할 수밖에 없었다. 경실련 등 시민단체들은 판교 개발 전면 중단과 완전 공영제 실시를 요구했다. 결국 2005년 6월 17일에 열린 부동산정책 간담회에서 노무현 대통령은 판교 분양 전면 중단을 결정했다. 이해찬은 판교 신도시 사업을 자기 손으로 중단하게 됐다.

판교 분양 중단 후 정부와 여당(열린우리당)은 새로운 종합 대책을 만들겠다면서 당정 협의를 통해 8.31대책을 준비했다. 이때 정책을 총괄 지휘한 사람이 국무총리였던 이해찬이다. 당시 청와대 정책실장은 김병준(전 자유한국당 비상대책위원. 현재 국민의힘 세종시당 위원장)이었고, 김수현은 국정과제비서관과 국민경제비서관으로 부동산정책에 관여하고 있었다. 그들은 "헌법처럼 바뀌기 힘든 부동산정책"을 만들겠다고 장담했다. 이해찬 총리는 "부동산 투기는 끝났다"라고 선언했다.

그런데 막상 발표된 8.31대책은 종합부동산세 과세 기준 하향 조정, 실거래가 의무화와 함께 또 공급을 확대하는 것이었다. 강남과 가까운 송파구 군부대 토지를 이용하여 송파 신도시를 개발하는 등 연간 300만 평의 공공택지를 공급하겠다는 내용이었다. 공급! 개발! 투기에 불이 붙고 부동산값은 폭등했다. 자산 격차와 양극화의 심화는 이듬해 여권의 지방선거 참패로 이어졌다.

그런데 2005년과 아주 비슷한 일이 2018년에 벌어졌다. 박원순 시장의 여의도·용산 개발 발언 이후 서울 집값이 폭등하자 여당인 더불어민주당은 강력한 부동산 안정 종합대책을 주도적으로 준비하겠다고 밝혔다. 국무총리 출신의 7선 국회의원이 된 이해찬 더불어민주당 대표는 부동산 안정을 위해 공급확대를 주문했다. 그러자 장하성 청와대 정책실장과 자유한국당 김병준 비대위원장 역시 동조했다. 당시 청와대 사회수석은 김수현이었다. 13년 만에 다시 이해찬, 김수현, 김병준이 등장한 것이다.

그들이 추진한 정책은 3기 신도시 건설 등 공급확대를 통한 집값 안정 대책으로 과거와 비슷한 내용이었다. 참여정부 때와 정책 흐름이 비슷하다는 우려가 나오기 시작했다. 경실련은 〈집권 여당 대표의 무책임한 공급확대, 강력히 규탄한다〉라는 논평을 발표하고 이해찬 대표 등이 주장하는 아파트 공급확대론에 대해 "집값 폭등 불러온 2005년 8.31대책의 재탕"이라고 지적했다. 경실련은 공공택지를 민간 건설사에 매각해 비싸게 분양하는 방식에 대해서 강력하게 반대했다. "불 보듯 결말이 뻔함에도 또다시 무책임한 공급확대를 주장하는 모습은 정부와 집권 여당이 집값 안정보다는 여전히 개발 논리에 갇혀 있다"라는 내용이었다.

반면 이때 조중동은 이례적으로 이해찬 대표의 주택 공급확대론을 칭찬했다. 《중앙일보》는 "방향을 제대로 잡은 것"이라고 평가했고, 《동아일보》는 "이해찬 더불어민주당 대표가 공급을 늘려야 한다고 목소리를 높이고 정부가 조만간 공급확대 정책을 발표하겠다고 하니 그나마 다행"이라고 평했다.

이해찬은 땅 투기 의혹에 두 차례 휩싸였다. 총리였던 2005년, 부인 명의로 2002년에 구입한 안산 대부도의 683평 포도밭이 세간의 관심을 모았다. 그 땅은 2002년 1억 6500만 원에 구입할 당시 공시지가가 평당 9만 2,000원이었는데, 2005년에는 14만 5,000원으로 3년 사이에 60%가량 올랐다. 당시 이해찬 총리는 "대부도 땅을 산 것은 서울에서 견디기 답답해서 농사를 지으려고 그런 것"이라고 해명했지만, 그 포도밭은 농지법상 직접 농사를 짓지 않으면 처분해야 하는 땅이었다. 총리 부부가 직접 농사를 지었을까? 그건 지금 확인하기 어렵다. 다만 2005년 《국민일보》 기자가 그 땅을 찾아갔을 때 잡초가 허리께까지 자라 있었다고 한다.

그리고 2020년 7월. 더불어민주당 대표였던 이해찬은 개헌을 통한 수도 이전을 주장했다. 그러자 언론은 그가 보유한 세종시 땅에 주목했다. 그는 세종시 전동면 미곡리에 부인 명의로 197평 대지와 대지에 포함된 52평형 건물, 264평 밭과 창고를 골고루 가지고 있다. 전동면은 서울-세종고속도로 본선과 오송 지선이 완공되면 통과하는 곳으로 향후 지가 상승이 점쳐진다고 한다. 이쯤 되면 국민은 그가 수도 이전을 주장한 이유가 무엇인지 궁금해진다. 정말로 국토균형발전을 생각해서 그런 것이기를 바란다.

**김헌동** 이해찬은 김대중 정부에서 교육부 장관으로 임명됐어요. 대통령이 국가 부도로 국민이 세금 내기도 어려우니 낭비를 줄이고 예산을 20% 절감할 방안을 제시하라고 했더니, 이해찬이 제일 먼저 안을 제시했습니다. 교육부가 발주하는 모든 공공 공사는 무조

## "국가균형발전"과 "지역경제 활성화"를 위해서?

2019년 12월 3일, 더불어민주당 의원들이 서울 강남구에 위치한 대한건설협회를 찾아가 건설업계 관계자들과 정책간담회를 개최했다. 맨 앞줄 가운데가 이해찬 당시 당 대표, 그 왼쪽 옆이 유주현 대한건설협회 회장. ⓒ연합뉴스

건 예산을 20% 삭감한다는 안이었어요. 이런 식으로 대통령 입맛을 잘 맞추는 사람입니다. 참여정부에서는 2004년 6월 10일, 그러니까 대통령이 분양원가 공개를 반대한 다음 날 국무총리로 내정됐어요. 총리가 되자마자 언론 인터뷰에서 대통령과 똑같이 '나는 분양원가 공개 반대'라는 식으로 이야기했어요.

이해찬이 총리가 되고 나서 국무총리실에 규제개혁기획단이라는 것이 만들어졌습니다. 그리고 노무현 정부가 끝날 때까지 국무총리실에서 17명 이상의 전경련과 재벌의 연구원들이 상주 근무를 했어요. 각 부처에서 총리실로 파견한 공무원들과 재벌 쪽에서 보낸 사람들이 2004년 8월부터 2007년 12월까지 합동 근무를 하면서 재벌이 싫어하는 모든 규제를 없애는 법의 초안을 만들었습니다. 재벌들이 얼마나 좋았겠습니까?

부동산정책도 빼놓을 수 없지요. 2005년 8.31대책을 만들기 위해 당정청 협의에서 3개월간 논의해서 결정된 내용을 이해찬이 뒤집었습니다. 8월 20일경에 있었던 일이에요. 내용을 완전히 뒤집어서 공급확대로 바꿉니다. 송파 신도시뿐 아니라 10여 개의 2기 신도시를 건설한다, 분양원가 공개와 분양가상한제는 안 한다, 후분양제도 안 한다. 경실련이 요구한 정책들, 원래 시행하기로 했던 정책들은 다 빼버리고 재벌 건설업체와 건설협회가 원하는 내용을 집어넣어 2005년 8.31대책을 발표했습니다. 어떻게 됐을까요? 8.31대책 바로 다음 날부터 집값이 또 폭등했지요. 2007년에는 대통령과 여당 지지율이 15%까지 떨어집니다.

그런 이해찬이 문재인 정부 출범 후 추미애 전 대표의 뒤를 이어 여당 대표가 됐습니다. 당 대표가 된 이후로 끊임없이 공급확대를 주장하고 분양가상한제를 연기하라고 했습니다. 후분양제는 말도 못 꺼내게 하고, 분양원가 공개는 아예 할 생각도 안 했지요. 20대 국회에서 분양원가공개법이 상임위를 통과했는데 법사위에 가서 발목

잡혀 있었어요. 그럼에도 여당 대표 이해찬은 거들떠보지도 않았어요. 2019년 12월에는 당의 상당수 의원을 데리고 건설협회에 찾아가서 '우리가 남이가' 식으로 사진을 찍고 온갖 요구를 다 들어주겠다고 약속했습니다. 그는 당 대표 임기를 마칠 때까지 국민을 위한 부동산정책은 한 번도 언급한 적이 없습니다.

#이해찬 #공급론자 #공급확대론 #규제완화 #김병준 #김수현 #참여정부 #8.31대책
#건설협회 #판교신도시 #송파신도시

## 실행이 빨랐던 오세훈, 관료에게 속은 박원순(2006~2020)

**김헌동**　　오세훈 시장은 저와 경실련 임원을 만나고 '3종 세트' 정책을 공표한 다음, 2007년 4월에 정말로 아파트 후분양제와 원가 공개를 시작합니다. 송파 장지지구와 강서 발산지구, 이렇게 2개 공공택지지구의 분양원가를 공개했는데, 놀라운 사실이 밝혀졌어요. 주변 시세의 60%로 분양가를 정해도 30% 이익이 남더라는 겁니다. 장지지구는 원가가 평당 780만 원이라고 공개했어요. 1000만 원에 분양하고 220만 원씩 남긴 돈은 임대주택 재원으로 쓰겠다는 거였지요. 그리고 발산지구는 원가가 평당 580만 원인데 800만 원에 분양하겠다고 밝혔습니다. 당시 강남 아파트 분양가가 평당

2700~2800만 원이었는데 장지지구에서 주변 시세의 50%도 안 되는 가격인 1000만 원에 분양한 겁니다. 강남 30평대 아파트 10억짜리 옆에 3억에 분양했고, 강북은 5억짜리 옆에 2억에 분양했어요. 그러고 나서 2007년 4월 임시국회에서 주택법 개정안이 통과됩니다.

오세훈 서울시장은 2007년 5월에 '시프트'라는 장기전세주택을 소셜믹스(단지 내 분양과 임대를 함께 해서 사회경제적 배경이 다른 사람들이 어울리도록 하는 것) 형태로 공급했어요. 강남 등 재개발·재건축 단지 안에도 짓고 은평 뉴타운 같은 곳에도 어느 집이 장기전세인지 모르게 곳곳에 섞어서 지었습니다. 오세훈 시장 임기 동안 약 2만 가구를 공급했어요. 그것을 본뜬 것이 지금 이재명의 기본주택 개념입니다.

2008년 이명박 정부가 출범하면서 오세훈 서울시장은 여당이 되었지요. 2011년까지 서울시와 중앙정부가 분양원가 공개와 분양가 상한제를 꾸준히 추진해서 결국 민간의 고분양가 아파트가 다 미분양이 됐어요. 미분양률이 70%를 넘기도 했으니 민간이 분양가를 높일 수 없었지요. 노무현 정부 임기 말인 2007년 용인에 30평짜리를 5억 5000만 원에 분양했던 것이 입주 시점인 2010년, 2011년에 3억 이하로 떨어졌습니다. 절반 이하인 2억 5000만 원까지도 떨어졌고요. 파주도 30평짜리를 5억 2000만 원에 분양했는데 2억 원으로 떨어졌어요.

오세훈 시장 밑의 참모들과 서울시 관료들은 불만이 많았지요. 그래도 시장이 강하게 추진을 하니까 따라갔어요. 나중에 오 시장이 물러나고 나서 전해준 이야기로는 분양원가를 공개할 때 관료들의 반발이 심했다고 합니다. 그걸 어떻게 극복했느냐고 물어보니 오 시장이 발탁 인사를 해서, 즉 공무원 중에 그나마 개혁적인 인물을 발탁해서 적재적소에 임명하여 권한을 주면서 일을 추진했다고 하더군요. 그러니까 참여정부 때 제가 했던 운동을 법·제도화하도록 도와준 사람은 야당 출신 서울시장이던 오세훈인 겁니다.

앞서 설명한 대로 오세훈 전 서울시장은 강서구 발산지구를 개발하면서 분양원가 공개, 분양가상한제, 후분양제 등 이른바 '3종 세트'를 실행했다. 그 결과 발산지구의 아파트 분양가는 30%의 이윤을 붙이고도 평당 780만 원에 불과했다. 30평형 아파트를 2억 원대에 분양했으니 서울 아파트값 안정에도 도움이 됐다. 그러나 고인이 된 박원순 서울시장은 분양원가 공개, 분양가상한제 등을 시행하지 않은 채 30평 아파트를 5억 원에 분양했다. 오세훈 전 시장 때의 2배 이상 가격이다. 그 후 박 시장 재임 9년 동안 4억 원이었던 아파트값이 14억 원으로 올라갔다.

박원순 서울시장이 서울 집값을 올려놓았다고 하면 고개를 끄덕일 사람도 있겠지만 의아해하는 사람도 있을 것이다. 박 시장이 취임

하자마자 전임 시장들의 '뉴타운' 사업 지구를 모두 해제하겠다고 선포하는 등 그 나름대로 차별화를 꾀했기 때문이다. 2019년에는 정부의 부동산 대책이 거듭 실패하자 문재인 정부를 향해 "종부세를 지금의 세 배 정도로 올려야 한다"라고 조언하기도 했다. 심지어 '부동산 공유제'를 거론한 적도 있다. 하지만 김헌동 본부장은 박 시장도 "말과 행동이 달랐다"라고 이야기한다. 그 이유 중 하나는 서울시가 재개발과 재건축에 연이은 특혜를 제공했기 때문이다.

박원순 시장이 2011년 가을 서울시장에 취임하고 나서 제일 먼저 했던 일들 중 하나가 송파구 가락시영아파트(현 송파 헬리오시티) 재건축 조합원들의 '종상향' 요구를 받아들인 것이었다(2종 주거에서 3종 주거로). 사실 가락시영아파트 종상향 요구는 오세훈 시장 시절에도 나왔는데, 그때는 서울시가 요구를 받아들이지 않았다. 그런데 박원순 시장 취임 후에 상황이 달라져 용적률 200%에서 300%로 35층 아파트를 허가했고, 6,000세대에서 약 1만 세대로 늘려 완공되었다.

당시 김헌동 본부장은 "종상향은 서민은 쫓겨나고 건설사와 투기꾼들만 배 불리는 조치"이며 "투자(투기)자가 많은 집주인 다수도 분담금이 낮아져 이익"이라고 지적했다. 이때 재건축에 참여했던 삼성물산, 현대건설, 현대산업개발 등의 재벌 계열 건설사들은 종상향 결정으로 1조 원 이상의 이익을 누렸다고 추정된다. 그럼 집값은 얼마나 올랐을까? 2011년까지 가락시영아파트 84m²는 7억 원이 안 되는 가격에 거래됐다. 지금은 실거래가 기준으로 15억 원 정도. 박원순 시장 재임 중 2배가 넘게 뛰었다.

가락시영아파트 종상향 결정은 동일한 요구를 하던 서울시 내의 다른 대규모 단지들에도 영향을 미쳤다. 그중 하나가 강남구 개포동 주공아파트와 시영아파트다. 원래 5층이었던 아파트를 철거한 부지에 35층짜리 아파트 신축을 허용했다. 층수만 7배가 늘어난 셈. 5층짜리 아파트가 있던 땅에 35층짜리 아파트를 짓도록 허가하면 토지의 가치가 그만큼 뛰고 아파트값도 동반 상승한다. 이게 다시 강동구 둔촌주공아파트 등 여러 곳에 영향을 줬다.

과거에는 어떻게 했을까? 김 본부장의 설명에 따르면 참여정부도 강남권의 재건축을 허가하기는 했지만 5층짜리 저층 아파트에 한정해서 조심스럽게 허가했다. 이명박 정부에서는 거의 불허했기 때문에 재건축을 추진하려는 움직임이 활발하지 않았다. 박근혜 정부가 출범하고 박원순 시장이 취임하면서부터 서울 재건축 시장의 분위기가 급격히 바뀌었다. 원래는 재건축이 안 될 단지들도 종상향 또는 용적률 특혜를 주면서 재건축을 부추겼다. 2014년 부동산 3법이 통과되기 전에는 반포지구에 특혜를 주었고, 2014년 말 부동산 3법 통과 이후엔 개포, 고덕 등으로 그 범위가 확대됐다. 강북의 교남 뉴타운과 마포구, 은평구 등 여러 지역으로 재개발이 확산됐다. 김헌동 본부장은 "박원순 시장이 진보 진영 인사로는 드물게 강남에서 표를 많이 받은 데는 다 이유가 있었다"라고 말한다.

**김헌동** 서울 집값을 끌어올린 주역 중 한 명이 박원순 전 시장입니다. 시민운동가 박원순은 '토건 시장'이었다고도 할 수 있습니다. 왜일까요?

2011년 보궐선거로 당선되고 취임한 지 한 달도 안 돼서 가장 먼저 했던 일이 가락시영 종상향 특혜입니다. 가락시영이 처음이었고, 거기를 해주니까 둔촌주공이 해달라고 해서 들어주고, 개포주공이 해달라고 해서 또 해주고. 그래서 강남 곳곳의 재건축 아파트에서 실질적으로 어마어마한 이익이 생기도록 해줍니다.

공시가격을 볼까요? 2012년 초부터 우리는 박 시장에게 '당신이 시민운동가 출신이니 서울의 땅값, 집값의 기준이 되는 공시지가와 공시가격을 정상화하라'고 요구했습니다. 공시지가와 공시가격이 시세와 동떨어져 있으니 그것부터 바로잡으라고 했던 거지요. 2012년 봄에 〈부동산 과표 정상화를 위한 서울시장 공개질의〉를 서면 발송했어요. 박 시장은 정상화하겠다고 약속하고 관료들에게 지시했어요. 서울연구원에 용역을 맡겼습니다. 정말 경실련 말대로 공시지가가 시세의 30~40%밖에 안 된다는 결과가 나왔지요. 그렇지만 그후 국토부에 개선해달라는 공문만 서너 번 보낸 다음에는 흐지부지

되고 말았습니다.

2부에서 언급한 대로, 서울시에 있는 재벌 사옥 등 건물들의 공시가격 시세반영률은 개인들이 소유한 아파트의 시세반영률보다 낮다. 아파트 공시가격은 시세의 70% 수준이지만 재벌 빌딩과 백화점 등 초고가 빌딩은 시세의 40% 수준이고 세율도 후자가 더 낮다. 이처럼 세금 부과 기준이 불평등한 조건에서 공동주택을 보유한 서울 시민들은 지난 14년간 재벌보다 많은 세금을 부담했다.

　박 시장은 2018년 지방선거에서 승리해 3선 시장이 되고 나서도 취임 초기의 약속을 지키지 않고 공시가격을 조작된 상태로 방치했다. 서울시 실무자가 국토부를 찾아가거나 공시가격 현실화 요청 공문을 몇 번 발송한 것이 전부였다. 국정감사에서도 불평등한 공시지가 문제를 반복적으로 지적받았지만, 시장은 그때마다 검토하겠다, 개선하겠다고 답변했을 뿐 행동으로 옮기지는 않았다. 상위 1%와 재벌은 특혜를 계속 보장받았다.

**김헌동**　박원순 시장이 관료들을 주도적으로 끌고 갈 수 없었던 이유가 무엇일까요. 오세훈 시장은 먼저 국민과 약속을 하고 관료들을 장악해 나갔는데, 박 시장은 자신이 없으니까 용역을 맡겨 실태를 파악하고, 파악된 후에도 어떻게 추진해야 할지 모르니 계속 관료에게 의존했습니다. 결국 아무것도 하지 못했습니다. 박 시장의 곁에는 이런저런 단체에서 시민운동을 하던 사람들과 교수들이 있었습니다. 그들은 경험이 부족하다 보니 관료들을 통제하기는커녕 관료들에게 이용당하는 경우가 있었지요. 2014년 지방선거 직전에 제가 형님인 김태동 교수와 함께 시장실을 찾아갔습니다. 세월호 참사 직후였고 선대인 소장도 왔더군요. 두 시간 만났지요.

서울 시민들을 위해 집값 좀 안정시키자고 제안했지요. 그때만 해도 서울 집값이 심각한 문제는 아니었지만, 그래도 얼마든지 서울 집값을 더 잡을 수 있으니 시장의 권한을 행사하시라고 이야기했습니다.

그런데 박 시장의 특징이 뭐였냐 하면, 이야기를 들을 때는 하겠다고 하는데 그다음에 추진이 안 됩니다. 결정적으로 측근들 가운데 관료를 다룰 줄 아는 사람이 없었습니다. 박 시장에 대해서는 제가 포기한 상태였어요. 그래도 서울 집값이 무섭게 오르고 있던 2020년 2월, 마지막이라는 심정으로 다시 만났습니다. 박 시장이 2019년 12월부터 부동산 공유제를 주장하기 시작했거든요.

사실 박원순 서울시장의 부동산 공유제 이야기를 처음 들었을 때는 정말 황당했습니다. 박 시장이 서울 집값 폭등에 자신은 아무런 책임이 없다는 듯 이야기를 했으니까요. 너무 황당해서 대체 측근이 누구고 실세가 누구인지 확인해 보려고 만나자고 했습니다

2020년 2월, 이야기한 요점이 뭐였냐 하면 서울시가 가지고 있는 마곡지구 땅에 아파트 분양을 연기하고 건물만 분양하는 토지임대부로 전환하라는 것이었습니다. 원래는 평당 2300만 원, 30평대 기준으로 7억에 분양을 하려고 했어요. 그것을 건물만 2억에 분양하라고 제안했지요. 이야기를 나눠보니 역시 특정 시민단체 출신의 고집센 사람들이 자리를 차지하고 관료들의 요구를 대부분 들어주고 있더군요. 시장이 지시하는 아주 작은 일들, '청년'이 들어가는 포장만 그럴듯한 사업들을 관철하기 위해 다른 모든 것을 관료들의 요구대로 해준 겁니다. 굵직한 일들은 내용 파악도 못 하고 있었어요. 박 시장이 그런 무능한 자들에게 둘러싸여 있었기 때문에 집값을 최고로 끌어올리고 부동산 거품을 가장 많이 만들어놓은 시장으로 남게 됐다고 생각합니다.

3선 당선 직후 박 시장은 서울 시내의 뉴타운 사업에 대해 "이명박, 오세훈 전임 시장 시절의 유산"이라며 "서울시는 '헌 집 줄게, 새 집 다오' 식의 개발을 지양해야 한다"라고 말했다. 하지만 본인의 말과 달리 실제로는 각종 개발 사업에 욕심을 냈다. 김수현의 주도 아래 서울형 도시재생사업을 진행했고, 2018년 7월에는 싱가포르 방문 중에 여의도·용산 '통개발' 발언으로 서울 집값 폭등의 원인을 제공했다. 통개발 발언의 여파가 남아 있던 2018년 7월 22일, 박 시장은 강북구 삼양동의 옥탑방에 들어가서 한 달 살이를 시작했다. 고생은 고생대로 했는데 그 옥탑방에서 그가 구상한 정책은… 강북 개발 계획이었다. '강북 우선 투자 정책'이라는 이름으로 난곡선·면목선 등 비강남권 경전철 4개 노선을 만들겠다고 했다. 그런 이야기가 나오자마자 강북 집값이 뛰기 시작했다. 2018년 하반기 강북 아파트 가격 상승률은 강남 아파트보다도 높았다.

박 시장에게는 뭔가를 보여줘야 한다는 조바심이 있었던 것 같다. 2020년에 그는 광화문에서 숭례문을 거쳐 서울역 교차로까지 이어지는 구간에 '대표 보행거리'를 조성하겠다고 발표했다. 을지로와 충무로, 창경궁로의 공간을 재편하는 사업도 함께 진행하겠다고 했다. 코로나 때문에 서울 시민들의 생계가 어려워지고 있는데 새로운 토건 개발 사업을 발표한 것이다. 그것도 시민운동가 출신의 서울시장이. 그래도 한마디 변명을 해주자면, 그는 서울시 내의 그린벨트는 끝까지 지키려 그 나름 최선을 다했다.

#박원순 #오세훈 #재건축_특혜 #공시지가 #공시가격 #여의도_용산_통개발 #강북_개발 #관료

## '3박 동맹'의 무작정 규제 완화와 부동산 3법(2013~2016) ──────

박근혜 정부가 출범하던 2013년, 주택 거래는 침체되고 실수요자들 조차 주택 구매를 뒤로 미루고 있었다. 지난 시기에 형성된 거품이 일부 붕괴하는 과정에서 일명 '하우스푸어'가 생겨나기도 했다.

그런 상황에서 박근혜 정부가 발표한 것이 4.1대책이다. 주택 거래를 활성화하기 위해 양도·취득세를 감면하고 생애 최초 주택 구입 자에 대해 LTV와 DTI 규제를 완화하는 내용이었다. 당시 경실련은 "토건 세력과 투기 세력에게 온갖 특혜를 제공해 투기를 유도하는 정책"이며 "서민과 주거 약자를 위한 대책은 찾아볼 수 없다"라고 비판 했다.

가시적 경기 회복 효과를 위해 부동산 경기를 부양하고 규제를 완화한 결과 가계부채가 심각한 문제로 대두됐다. 2013년 말 한국 의 가계부채는 공식적으로 1000조 원을 넘어섰다. 그래서 2014년 2월 박근혜 대통령은 취임 1주년 대국민 담화에서 "2017년까지 가 계부채 비율을 지금보다 5%p 낮추겠다"라고 밝혔다. 그러나 기재부 는 대통령의 말과 정반대로 마지막 남은 가계대출 규제까지 완화하 려고 했다. 대출 규제를 풀어 서울 강남 부동산값을 띄우면 다른 지 역 부동산값도 따라 오르리라는 계산이었다. 추경호 당시 기재부 1차관은 "현 상황에서는 집값이 소폭 상승하는 것이 바람직"하다고 공개적으로 밝히기도 했다.

2014년 세월호 참사, 인사 스캔들 등으로 민심이 걷잡을 수 없이 악화하자 박 대통령은 자신의 최측근인 최경환 새누리당 의원을 경제부총리로 임명했다. 이때부터 최경환의 시대가 열렸다. 대선 후보 시절에 내세웠던 경제민주화는 이제 구호로도 찾아볼 수 없었다. 최경환의 구호는 '경기 부양'이었다. 기재부가 전부터 계획하고 있었던 LTV-DTI 대출 규제 및 수도권 규제 완화가 실행에 옮겨졌다. 수도권의 경우 기존에 집값의 50%로 제한했던 주택담보대출을 70%로 대폭 늘렸다. 집값의 30%만 있으면 나머지 70%는 은행에서 빌려 집을 사도록 했다.

빚으로 경기를 부양하려면 금리를 내려야 했다. 기재부는 당시 2.5%였던 기준금리를 더 내리라고 한국은행에 압박을 가했다. 사실 기업의 투자가 부진하고 민간 소비가 침체된 것은 금리가 높아서가 아니었다. 돈을 더 푼다고 해서 생산적인 투자가 이뤄지는 것도 아니었다. 돈을 풀면 부동산 시장으로 흘러갈 확률이 높았다. 이주열 한국은행 총재가 그것을 몰랐을 리 없다. 그러나 그는 잠깐 버티다가 2014년 8월에 기준금리를 내렸다. 하지만 정부는 추가 금리 인하를 요구하고 은행들에 주택담보대출을 확대하라고 계속 압박했다. "가계부채가 늘어도 집값이 오르면 위기는 도래하지 않는다"라는 것이 최경환의 독특한 논리였다. 금리도 내리고 규제도 완화한 결과 가계

대출은 급증했다. 가계대출 증가분은 대부분 주택담보대출이었다. 심상정 정의당 원내대표는 최경환 노믹스를 '부채노믹스'라 부르기도 했다.

어떻게든 아파트값을 상승시키려 했던 박근혜 정부는 9.1대책으로 강남 재건축 규제도 완화했다. 전월세난에 대한 대책도 '빚내서 집 사라'였다. 박근혜 정부는 전세 수요를 매매로 전환하기 위해 초저금리 공유형 모기지까지 도입했다. 이때 실제로 전세난에 시달리다 못해 무리한 대출을 받아 집을 구매한 사람들이 있었다.

역설적인 사실은 박근혜 정부가 이토록 부동산 경기 부양에 공을 들였는데도 강남 재건축 아파트값은 상승하지 않고 오히려 하강 곡선을 그렸다는 것이다. 집값이 하락해서 정말로 문제였을까? 사실은 그렇지 않다. 집값이 하락하면 서민 주거 안정에 도움이 된다. 그러나 박근혜 정부는 온갖 수단을 써가며 집값 하락을 막으려고 나섰고, 언론은 집값이 하락한다는 사실을 제대로 보도하지 않았다. 집값이 하락하면 좋은 일이라고 말하는 언론도 없었다.

지금 집값 하락 현상을 보도하는 언론이 어디 있나? 강남 타워팰리스가 1억 원씩 내려간다는 보도를 하는 데가 어디 있나? 올라갈 때는 3000만 원만 올라도 톱 뉴스로 뽑았다. 그런데 집 없는 사람과 국민 8~9할이 좋아할 '집값 하락한다. 떨어진다'라는 기쁜 소식을 왜 언론이 알리지 않는가? 청년들에게 '나도 결혼할 수 있겠구나'라는 희망을 주는 소식을 왜 전하지 않는가. 《한겨레》, 《경향》도 쓰지 않았다. 보도하면 이슈화되고 집값이 더 떨어질까 봐 보도를 안 하는 거다.

- 《미디어오늘》 인터뷰, 2013. 12. 4.

그럼 당시 경제민주화를 외치던 야당은 무엇을 했을까? 새누리당을 견제하면서 제대로 된 야당 노릇을 했다면 좋았겠지만, 그들은 2014년 12월 새누리당과 야합해 이른바 '부동산 3법'을 함께 통과시켰다. '부동산 3법'은 주택법 개정안(분양가상한제 사실상 폐지), 재건축초과이익 환수에 관한 법률 개정안(재건축초과이익 환수 폐지), 도시 및 주거환경정비법 개정안(재건축 조합원에게 3채까지 쪼개기 공급 허용)을 지칭한다.

**김헌동** 2014년 12월 29일 국회 본회의에서 부동산 3법이 통과됩니다. 통과되기 전에 이미경 의원이 전화했어요. '분양가상한제를 더 지킬 수가 없게 됐다. 야당인 새정치민주연합에서도, 국토위 상임위원장 박기춘도, 간사 정성호도 모두 부동산 3법을 강행하려고 한다, 어떻게 하면 좋겠나?' 이미경 의원은 2007년 부동산특위 위원장을 할 때 경실련과 약속을 했습니다. 분양가상한제, 분양원가 공개 등 경실련 정책을 그대로 당론으로 만들고 법에도 반영되도록 최선을 다하겠다고요. 자신이 정치하는 동안은 그것이 폐지되지 않도록 최대한 막겠다고 했어요. 사실 정말 열심히 약속을 지켰다고 봅니다.

새정치민주연합은 부동산 3법에 찬성하는 대신 새누리당과 협상해서 전월세상한제 등 이른바 임대차 3법 통과를 얻어내려고 했으나, 새누리당은 꿈쩍도 하지 않았다. 결국 새정치민주연합은 자신들이 도입했던 분양가상한제도 지키지 못하고 새누리당의 들러리 노릇만 하고 말았다. 그렇게 띄우려 해도 올라가지 않던 부동산 가격은 드디어 꿈틀대기 시작했다.

**김헌동** 박근혜 정부인 2014년 12월 당시 여당인 새누리당과 야당 국토위원장 박기춘 등이 토건 세력과 재벌의 로비를 받고 분양가상한제를 무력화시켰습니다. 이명박 정부에서 그린벨트를 풀어 확보한 250만 채의 보금자리 주택용 공공택지를 10%도 공급하지 않고 민간 건설사에 '벌떼 입찰'(한 회사가 수십 개의 위장 계열사를 동원하는 것) 등의 방식으로 나눠 줬습니다. 이 부분은 수사가 필요하다고 봅니다. 공기업이 재벌과 민간업자 공동 개발 방식으로 이익을 사유화했어요. 토지임대 건물분양 특별법도 2015년 12월 폐지해버렸습니다.

부동산 3법 통과는 새누리당의 부동산 정책을 친재벌, 친토건으로 전환시키는 것이었습니다. 박정희·전두환·노태우·김영삼·이명박 정부와 박근혜 정부 초기까지 지켜졌던 '분양가상한제' 같은 서민을 위한 법을 없애버린 것입니다.

부동산 3법으로 큰 불로소득을 챙긴 사람 중 하나가 주호영 국민의힘 원내대표다. 주호영은 2014년 반포주공아파트를 19억 원 정도에 매입했다. 그러고 나서 2014년 12월 부동산 3법을 자기 손으로 통과시켰다. 그의 반포주공아파트값은 치솟고 또 치솟아 2020년에 42억 원이 됐다. 최근 이러한 사실이 알려지고 나서 '#주호영23억' 해시태그 운동이 벌어지는 등 비판의 목소리가 높았다.

국회 국토위 소속이면서 부동산 부자로 유명한 박덕흠 국민의힘 의원도 부동산 3법에 찬성했다. 그는 당시 (재건축 대상은 아니었지만) 강남의 고가 아파트를 2채 소유한 상태였다. 부부 소유의 잠실 토지는 지금도 유명 건설사 아파트 모델하우스로 임대되고 있다.

**김헌동** 사실 이명박 측근들도 그랬고, 당시 새누리당 의원의 80%는 분양가상한제를 폐지하려 했습니다. 주택협회나 건설협회의 로비도 많았어요. 당시 야당인 민주당은 70%, 관료들은 95% 이상

## 주호영의 아파트

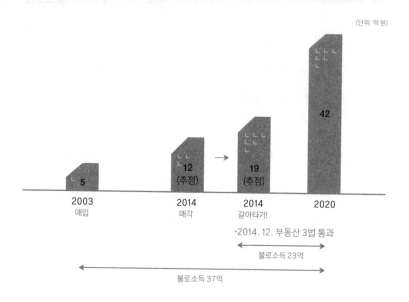

(단위: 억 원)

| | | | |
|---|---|---|---|
| 5 | 12 (추정) | 19 (추정) | 42 |
| 2003 매입 | 2014 매각 | 2014 갈아타기! | 2020 |

·2014. 12. 부동산 3법 통과

불로소득 23억

불로소득 37억

·2015년 이전 시세는 김헌동 본부장의 설명에 근거함.
2015년 이후는 네이버부동산시세 기준.

판사 출신인 주호영은 2003년에 은마아파트를 5억 원에 매입했고, 신고할 때 1억 5000만 원으로 다운계약서를 작성했다. 2004년에 처음 국회의원이 되었다. 아파트를 2014년에 매각했다. 매매가는 12억 원으로 추정 된다. 차익을 남기고 같은 해 반포주공아파트(42평형)를 약 19억 원에 매입했다. 2014년 12월 분양가상한제 등을 무력화하고 재건축 특혜를 담은 부동산 3법이 여야 야합으로 통과되는데, 그는 당시 새누리당 정책위의장이었다. 2020년 현재, 반포주공아파트값은 치솟고 치솟아 42억이 됐다. 그는 23억을 벌었다. 2003년부터 따지면 부동산 불로소득을 37억 획득했다.

이 분양가상한제 폐지를 주장했습니다.

대표적인 폐지론자 중 하나가 박덕흠 의원입니다. 박덕흠은 '대한전문건설협회'라는 중소 건설업체들의 협회장까지 했던 사람입니다. 국회의원이 되고 나서 10년 가까이 국토위와 기재위에서 활동했지요. 박덕흠은 재벌과 건설업자가 원하는 법을 자기 당 소속 의원들과 정책위의장, 원내대표에게 로비했던 사람으로 보입니다. 황교안 대표 시절 최고위원도 했지요. 부동산정책과 관련된 주장만 나오면 국회에서 기자회견을 열어 토건족에게 유리한 입장을 발표하는 사람입니다. 그런 사람이 각종 법안 소위에 들어가서 국민을 위한 법은 가로막고 재벌과 토건업자 입맛에 맞는 법안만 통과되도록 활동했습니다. 이명박 때도 지켜지고 박근혜 몇 년 동안 지켰던 분양원가 공개, 분양가상한제를 무력화하는 데도 박덕흠이 앞장섰지요. 거기에 더해 재개발 임대주택 비율 축소, 재개발 특혜, 재건축 특혜, 초과이익환수 유예 등 온갖 특혜를 제공하는 법까지 통과시켰습니다. 그런 사람이 21대 총선에서 또 당선돼서 국토위에서 활동하다가 가족 명의 건설사의 피감기관 수주 의혹 등이 문제가 되어 탈당했지요.

당시 야당이었던 새정치민주연합에서 부동산 3법 통과에 앞장섰던 사람은 박기춘이다. 그는 원래 이성호 전 한나라당 의원의 보좌관이었다가 지방의회에 입성한 후 새정치국민회의로 당적을 옮겼다. 17대 총선에서 국회에 입성하고 18대, 19대 국회의원을 지내며 사무총장, 원내대표 등 당내 주요 보직을 두루 맡았다. 18대 국회에서는 국토해양위(현 국토교통위) 간사를 맡았고, 3선에 성공한 후 2014년에는 국토교통위원장으로 선임됐다. 2008년부터 무려 8년 동안 막대한 건설 교통 예산을 관장하는 자리에 있었던 셈이다.

박기춘은 늘 건설업계에 유리한 정책과 법안을 지지하고 입안했다. "국가 발전의 원동력인 건설산업이 살아나야 국가 경제도 회복된다"라고 박정희 시대 관료들처럼 말하고 다녔다. 국토위에서 활동하던 시기에는 국토교통부 산하 공기업인 한국철도공사코레일, 한국철도시설공단KR에 막강한 영향력을 행사해 지역구인 남양주에 경춘선 별내역 등 지하철을 줄줄이 끌어왔다. 이런 건 아무 의원이나 할 수 있는 일이 아니다.

박기춘이 국토위 위원장이 된 2014년, 여당의 최경환 의원이 경제부총리 겸 기획재정부 장관으로 내정되면서 LTV와 DTI 완화를 추진했다. 건설업자들은 '기회가 왔다'는 듯 분양가상한제 폐지, 재건축초과이익 환수제 유예, 전세 임대소득 과세 유예, 그린벨트 등의 규제를 풀라고 목소리를 높였다. 박기춘은 여기에 적극 반응했다. 2014년 12월 24일 국토위 전체회의에서 '부동산 3법'을 통과시킨다. 이때 국토위 여당 간사는 김성태 의원, 야당 간사는 정성호 의원 그리고 국토위 위원장은 박기춘 의원이었다.

부동산 3법 야합 이후인 2015년, 박기춘 의원은 정치자금법 위반 혐의로 구속기소된다. 분양 대행업체 대표 김 모 씨로부터 대형 건설사 수주 청탁과 함께 현금 2억 7000만 원과 명품 시계 2점, 명품 가방 2점, 안마의자 등 총 3억 5800만 원 상당의 금품을 받은 혐의였다. 그는 계속 혐의를 부인하다가 소환 조사가 시작되기 전에 '깔끔하게' 인정했다고 한다. 국회 국토위원장 자리에 있으면서 분양 대행업체의 돈을 받았던 박기춘의 이름을 기억해두자.

박근혜 정부 5년은 '빚내서 집 사라'로 요약된다. 박근혜 정부는 부채를 늘려 집값을 끌어올리려는 정책을 썼다. 그리고 그 의도를 숨기지 않았다. 대출 규제를 풀고 기준금리를 1.25%까지 낮췄다. 나중에 가계부채 문제가 부각되자 최경환 부총리는 "빚내서 집 사라고 한 것이 아니었다"라고 주장했다. 가계부채를 잔뜩 늘려놓은 이주열 한은 총재는 지금도 같은 자리를 지키고 있다.

놀랍게도 박근혜 정부의 무책임한 정책을 믿고 빚을 내서 집을 샀던 사람들은 지금 돈을 벌었다. 왜 그럴까? 문재인 정부가 그 후 3년 동안 그 사람들의 집값을 폭등시켰기 때문이다. 그런데 문재인 정부의 말을 듣고 집을 팔았던 사람들은 지금 후회하고 있다. 이렇게 어이없는 경우가 또 있을까?

**김현동** 하지만 2016년까지도 미분양이 쌓였습니다. 사람들은 한동안 높은 분양가를 외면했어요. 2017년까지는 2007년 수준을 회복하지 못한 곳이 많았습니다. 그러나 문재인 정부가 투기꾼(다주택자)에게 세금을 없애주고 집값의 80% 대출을 허용하는 특혜를 남발하자 3년 동안 분양가가 2배 넘게 오른 겁니다. 재벌, 공기업, 투기꾼을 안심시키는 대규모 개발 계획을 발표해 더 기름을 부었습니다. 기름에 붙은 불은 쉽게 꺼지지 않습니다. 분양가상한제와 분양원가 공개법, 토지임대특별법 등을 부활시켜야 합니다. 문재인 정부 3년 동안 재벌, 공기업, 건설업자에 특혜를 유지해온 정책의 방향을 청년과 무주택 서민 중심으로 바꾸어야 합니다.

#박근혜 #LTV #DTI #대출규제완화 #최경환 #이주열 #저금리정책 #빚내서_집사라
#가계부채_폭증 #부동산3법 #재건축_특혜 #분양가상한제_폐지 #박기춘 #김성태 #정성호
#이미경 #주호영 #박덕흠

## 김현미와 국토부: 정책을 만드는 사람들(2017~2020) ——————

집값이 상승을 거듭하던 2017년 6월, 김현미는 여성 최초로 국토교통부 장관에 취임한다. 취임 전 인사청문회에서는 "분양원가를 공개해야 한다는 것에 동의한다"라고 밝혔고, 취임식에서는 문재인 정부 출범 직후인 5월의 강남 4구 거래 증감률을 PPT 슬라이드로 보여주면서 "최근 집값 급등은 투기 수요 때문"이라고 강조했다. "아파트는 '돈'이 아니라 '집'"이라는 말도 했다.

김현미 장관이 처음 발표한 부동산 종합대책은 8.2대책이었다. 이 대책을 발표하는 자리에서 그는 "정부는 집을 거주 공간이 아니라 투기 수단으로 전락시키는 일은 용납하지 않겠다"라며 강력한 의지를 밝힌다. 그리고 이틀 후인 8월 4일, 그는 청와대 뉴미디어 비서관실과의 인터뷰에서 "내년 4월까지 시간을 드렸으니 자기가 사는 집이 아닌 집들은 파시라"고 발언했다. 그러면서 동영상을 통해 '임대사업자 등록'을 홍보했다. "임대사업자로 등록하면 세제·금융 혜택을 드리니 다주택자는 임대사업자로 등록을 하시면 좋겠습니다." 김 장관의 임대사업자 등록 홍보 동영상은 인터넷에서 쉽게 찾아볼 수 있다. 이 동영상은 나중에 "다주택자 때린다던 김현미, 다주택자에 꽃길 깔아줬다"라는 비판의 근거가 된다.

그해 10월 김현미 장관은 공공부문부터 후분양제를 단계적으로 도입하기 위해 로드맵을 만들겠다고 밝혔다. 이에 경실련은 환영 입장을 밝히고 "그러나 로드맵 수립을 핑계로 또다시 하세월 해서는 안 된다. 이미 참여정부 당시 로드맵이 수립된 바 있으나, 관료와 업계의 반발로 시범 사업 이후 무력화, 폐지된 바 있다"라고 경고했다.

이미 공공부문은 후분양제를 시행할 수 있는 준비가 되어 있었다. 서울시는 2006년 '공공아파트 후분양제 도입' 선언 이후 후분양을 시행하고 있다. 정부가 결정하면 LH공사도 후분양제를 즉시 시행할 수 있었는데 왜 또 로드맵이었을까? 그때 집값은 잠시 주춤하다가 다시 상승하고 있었는데 김현미 장관은 어떤 생각을 했을까?

이듬해인 2018년 9월 5일, 김현미 장관은 서울 아파트값 폭등 이야기를 하면서 "요새 잠도 잘 못 잔다"라고 토로했다. 집값 안정을 위한 방책을 찾지 못하는 그에게 정동영 민주평화당 대표가 LTV, DTI 같은 대출 규제는 근본 대책이 못 된다며 분양가상한제와 분양원가 공개를 실시하라고 촉구했다. 그러자 김현미 장관은 "주택법 시행령 개정을 통해서 분양원가 공개를 실시하겠다"라고 답변했다. 그 후 국토부는 이명박 정부 시절 12개로 축소됐던 공공부문 분양원가 공개 항목을 62개로 늘렸다.

2019년 7월 서울 아파트값이 다시 상승세로 돌아서자 김 장관은 뒤늦게 민간택지 분양가상한제 도입을 검토하겠다고 밝혔다. 취임 초부터 "고민해보겠다"라고만 하면서 2년 동안 움직이지 않다가, 투기가 다 번지고 나서야 분양가상한제를 꺼낸 것이다. 2년간 서울 아파트값은 이미 평균 2억 원, 30% 이상 올라 있었다. 그러나 여당인 더불어민주당과 기재부, 국토부 등 관료들은 분양가상한제를 달가워하지 않았다. 홍남기 부총리는 "공급 위축"이 우려된다며 대놓고 반대했다. 결국 10월 1일 국토부는 주택법 시행령 개정 작업을 10월

말까지 완료하되 재건축·재개발 단지에는 분양가상한제 적용을 6개월간 유예하며, 국토부가 지정하는 지역에만 핀셋 적용한다고 발표했다. 2020년 4월 총선 후로 미룬다는 뜻이었다. 경실련은 이날 〈문재인 정부는 과거 '복부인 시대'로 회귀하려는 건가〉라는 제목의 논평을 통해 이는 "사실상 분양가상한제를 실시하지 않겠다는 선언"이며 "온 국민에게 앞으로도 맘 놓고 투기하라는 신호를 보낸 것과 다름없다"라고 비판했다.

김현미 장관 재임 기간 모든 부동산 대책은 핀셋 적용이 기본이었고, 임기응변식으로 이런저런 규제를 도입하고 손질하기를 반복했다. 그러는 동안 무주택자와 세입자, 서민과 중산층, 청년의 절망은 커져만 갔다. (참고로 2019년 10월부터 시민단체 〈더불어삶〉은 "집값 상승 방치하는 문재인 정부"를 규탄하고 "기준금리 인상"을 요구하는 피켓 시위를 시작했다.)

문제를 인정해야 해결책을 마련할 수 있다. 그런데 김현미 장관은 아직 문제를 인정하지도 않는다. 지난 6월 30일, 김현미 장관은 문재인 정부 부동산정책에 대해 "종합적으로 다 잘 작동하고 있다고 본다"라고 답했다. 궁지에 몰리면 전 정권 탓을 하고, 때로는 국회 탓을 한다. 지금까지 부동산 대책을 23번이 아니라 5번 발표했다고 고집한다. 문재인 정부 3년 동안 서울 집값이 11%, 아파트값은 14% 상승했다고 하면서 근거가 되는 통계 자료는 내놓지 않는다. 3년간 11%

상승한 아파트가 어디인지 밝힐 수 없다고 한다. 어디서부터 문제인지도 모르겠다. 지금 당장 그가 장관 자리에서 내려오고 참신한 인물들이 처음부터 다시 시작해야 한다. 그렇게 해도 집값을 정상화할 시간이 부족할지 모른다.

**김헌동** 김현미 장관이 임명될 당시 이미 실패를 예견했습니다. 우선 청와대 김수현 수석과 장하성 실장을 믿을 수 없었고, 국토부의 박선호 당시 토지주택실장 등 다수의 관료 역시 2016년 박근혜 정권이 임명했던 그대로였습니다. 분양가상한제 등 재벌에 불리한 정책과 제도를 없애려 과거 정권에서 국토부 관료들이 무슨 짓을 했는지 똑똑히 보았지요.

박근혜 정권에서 장관과 차관 그리고 주택과 도시 정책을 담당하던 관료들은 노무현 정부 때 분양원가 공개와 분양가상한제를 도입하지 못하도록 재벌과 토건업자만 대변하던 자들입니다. 김현미 장관은 인의 장막에 쌓여 처음 접하는 국토부 업무, 즉 국토와 주택에 대한 실태 파악조차 못 하고 물러날 것이 너무 뻔했습니다.

예측대로 김현미 장관은 국토부 관료와 경제부총리, 청와대에 끌려다니고 있습니다. 가장 큰 문제였던 민간 임대 사업 제도를 남용해서 임대업자를 투기꾼으로 양성하고 30대 청년들까지 투기에 가담하도록 만든 것이지요.

2020년 대통령은 신년 기자 간담회를 통해 "취임 이전 수준으로 집값을 낮추겠다"라고 의지를 밝혔다. 그리고 2020년 3월과 4월, 코로나 바이러스 집단감염 사태 등의 여파로 서울 집값이 하락세를 보이기 시작했다. 문재인 정부가 정말로 집값을 대통령 취임 초로 되돌려 놓겠다는 약속을 지킬 생각이었다면 이때 자연스럽게 집값 하락을 유도할 수도 있었다. 아니, 집값을 인위적으로 올리는 행위를 하지만 않았어도 집값은 하향곡선을 그렸을 것이다. 이미 오를 대로 올라 있었기 때문에 그것이 당연하기도 했다.

박선호 국토부 차관이 나와서 갑작스럽게 5월 6일 〈수도권 주택 공급 기반 강화 방안〉을 발표했다. 이른바 5.6공급대책이다. 사업성이 없어서 진행되지 않고 있는 재개발 사업에 공기업이 참여하고 지원하겠다고 했다. 김 본부장의 설명에 따르면 "이미 투기 세력이 확보한 물건에 대해 조합원 수익 보장, 중도금 및 이주비 지원, 분양가상한제 제외 등의 특혜를 제공해가며 정비 사업을 추진"하겠다는 정책이었다. 그리고 용산역 정비창 부지를 대상으로 한 미니 신도시 개발과 재개발에 공공이 참여하겠다고 발표했다. 이 발표는 곧바로 투기세력을 자극했고 용산·마포·여의도 일대의 집값이 들썩였다.

가만히만 있으면 집값 정상화가 될 수도 있었던 마당에 누가 왜 5.6대책을 만들었을까? 서랍에서 잠자고 있던 용산역 정비창 개발 계획은 누가 다시 꺼냈을까? 김현미 장관이 갑자기 지시했을까, 아니면 박선호 차관의 작품일까? 시민들은 그것을 알 길이 없다. 기가 막히는 것은 박선호 차관 일가족이 보유한 공장 토지 용도 준공업지도 특혜 정책에 포함되었다는 점이다. 5.6대책은 투기 세력에 보낸 신호탄이었다. 용산과 마포, 여의도 아파트값이 뛰기 시작했다.

현재 국토부에서 주택정책을 만드는 사람들은 이명박·박근혜 정권에서 핵심 보직을 맡았던 공무원들이다. 박선호 차관은 참여정부 시절에 건교부 과장이었고, 이명박 정부 후반인 2012년 8월부터 국토부 주택정책관(국토부의 정책을 언론에 알리는 업무를 담당하는 중요한 자리다)으로 일하다가 박근혜 정부 시절인 2016년에 실장으로 승진했다. 그리고 문재인 정부 출범 후인 2018년에 1차관으로 임명됐다. 김흥진 주택토지실장(주택토지실장은 분양 등 주택·토지와 관련해 굵직한 정책을 총괄한다)은 2012년 이명박 정부 때 주택정책과장이었다. 7월에 청와대 비서관으로 임명된 하동수 전 정책관 역시 이전 정부에서 국토부의 중요한 일들을 맡아왔다.

그러니까 정권이 바뀌어도 정책을 만드는 사람들은 바뀌지 않는다. 관료들에 대한 감시와 견제가 검찰, 공직자윤리위, 국세청 등을 통해 그리고 시민단체, 정치권, 언론을 통해 철저하게 이뤄지지 않는다면 앞으로도 지금까지와 똑같은 정책이 또 나올 수밖에 없다.

#김현미 #국토부 #5.6대책 #박선호 #김흥진 #하동수 #관료

## '부동산은 끝났다'라던 김수현, 지금 뭐 하나?(2003~2020) ─────

김수현은 누구인가. 김헌동 본부장은 그를 "부동산값 폭등으로 참 여정부를 무너지게 만든 사람 중 한 명이고, 박원순 서울시장과 함께 서울시 부동산정책에서 실패했고, 문재인 정부 3년 부동산정책을 망친 주역"이라고 평가한다.

조금 더 점잖게 표현해보자. 김수현은 도시공학 전공자로 노무현 정부에서 청와대 국민경제비서관, 문재인 정부에서 청와대 정책실장과 사회수석 등 여러 주요 직책을 맡았다. 《주택정책의 원칙과 쟁점》, 《부동산은 끝났다》, 《꿈의 주택정책을 찾아서》 등의 저서가 있다. 그런데 그가 정책을 책임지던 시기마다 부동산값은 폭등했다. 어떤 사람들은 학자의 이론적 구상이 현실에 먹히지 않아서라고 변호를 한다. 또 어떤 사람들은 말과 정책이 반대여서라고 한다. 어쨌든 김수현 전 실장이 보유한 경기도 과천주공아파트는 2017년 1월에 9억 원이었는데 2019년 11월 기준 19억 원까지 올랐다. 3년 동안 서울 아파트값 평균 상승률이 52%라는데 그의 아파트값은 100%가 넘게 올랐다. 이른바 '역세권 효과'로 앞으로 2억 원 더 오를 것이라는 예측도 있다.

김수현 전 실장은 문재인 대통령의 후보 시절 부동산 분야 대선 공약을 총괄한 사람이다. 공약에 포함됐던 도시재생 뉴딜사업은 박원순 서울시장의 '서울형 도시재생사업'을 토대로 한다. 그리고 서울형 도시재생사업은 김수현 전 실장이 서울연구원 원장 시절 설계한 것이다. 전임 서울시장의 뉴타운 사업과 달리 지역의 역사와 문화와 경관을 살리면서 일자리도 창출하는 도시재생을 하겠다고 했다. 그런데 실제로는 과거의 도시 재개발과 비슷하게 집값과 임대료만 올려놓았다는 평가가 많았다. 아파트를 짓지 않고 공방과 카페 같은 시설을 만들었다는 차이는 있지만, 원래 그곳에 살던 기초생활수급자나 노인은 월세 상승을 견디지 못하고 떠났다는 점에서는 기존의 재개발과 다르지 않았다. 그런데 사업에 대한 평가도 제대로 이뤄지지 않은 상태에서 도시재생 뉴딜사업이 문재인 후보의 대선 공약이 되었다.

문재인 정부가 출범한 뒤 도시재생 뉴딜은 전국으로 확대된다. 2017년 7월 28일 국토부가 발표한 도시재생 뉴딜사업 계획은 속전속결이었다. 9월부터 12월까지 지자체들로부터 사업계획서를 제출받아 2018년부터 연간 10조 원을 투입해 사업을 실시한다고 했다. 지자체들이 예산을 따내기 위해 사업 계획을 급조했을 확률이 높다. 대기업 건설사들이 참여하지 않고 정부 예산과 공기업의 참여로 재원을 마련하겠다고 했지만, 이에 대해 김헌동 본부장은 "투기 세력(다주택자)이 사들인 집을 정부 예산으로 고쳐주고 새로 지어준다는 것이라서 더 문제"라고 말한다.

도시재생 뉴딜이라는 이름으로 매년 10조 원씩, 5년이면 50조 원이 풀린다. 예비타당성조사도 거치지 않고 사업을 시행한다. 어느 지역이 도시재생지로 선정되면 투기꾼과 민간 개발업자들은 그 지역 땅부터 산다. 도시재생 사업지로 선정됐다는 이유만으로 집값이 10억에서 15억으로 뛰기 때문이다. 도시재생 뉴딜사업은 문재인 정부 출범 초기에 집값이 가파르게 상승하는 하나의 원인을 제공했다.

**김헌동** 참여정부에서 벌어진 일이 반복되고 있는 것이 문제입니다. 문재인 대통령도 유학파 학자인 장하성을 정책실장으로 임명했어요. 처음에는 '소득주도성장'을 한다고 했는데 완전히 '불로소득이 주도'하는 성장이 돼버렸어요. 소득주도성장이 효과가 없고 집값만 폭등하니 1년 만에 정책실장을 교체합니다.

그런데 새로 정책실장이 된 김수현은 과거 노무현 정부에서 부동산정책 실패를 불러온 장본인 중 하나였어요. 개발독재 관료 출신인 이헌재 방식에 익숙한 김수현을 또 임명하니 관료들과 호흡은 잘 맞았겠지요. 아니, 관료들과 호흡을 맞춰 임대사업자 세금 특혜와 대출 특혜로 수십만 투기꾼을 양성하는 데는 성공했지요. 그 투기꾼들이 100만 채 이상의 주택을 사재기하도록 만드는 데도 성공했고요. 대통령 임기 절반이 넘는 30개월 시점에 서울 아파트값이 40% 오르게 만드는 공을 세웠습니다. 그리고 나서 김수현이 정책실장에서 물러

났어요.

　2019년 12월 JTBC 〈뉴스룸〉에 출연했는데 자기가 청와대에 있었던 기간에는 대한민국 집값, 땅값이 하나도 안 오른 것처럼 발언했어요. OECD 평균에 비하면 절반 수준밖에 안 올랐다, 정책을 잘 관리했다는 식으로 이야기하더군요. 저는 '미안하다'라고, '잘못했다'라고 사과 한마디는 할 줄 알았습니다. 사실은 그의 발언을 듣고, 제가 운동의 방향을 바꾼 겁니다. 집값과 땅값 상승률을 다시금 분석했어요. 그때부터 국토부의 통계 조작과 고위 공직자의 부동산 현황이라는 두 가지 방향으로 폭로전을 시작한 겁니다.

　다음으로 김수현 전 실장이 서민 주거 안정에 효과가 있을 거라고 장담했던 '다주택자와의 빅딜'에 대해 살펴보자. 주택임대사업자 혜택은 박근혜 정부가 집값이 하락하던 시기에 도입한 것으로, 하나의 단일한 제도나 법령이 아니라 여러 법령과 시행령에 각기 규정되어 있다. 다주택자가 주택임대사업자 등록을 했다는 이유만으로 종부세, 양도세, 취득세, 재산세, 임대소득세, 건강보험료를 감면 또는 면제한다. 그런데 문재인 정부는 이 세금 특혜를 폐지하지 않고 오히려 늘리면서 다주택자들이 주택임대업자가 되도록 적극 유도했다. '다주택자는 주택임대사업자 등록을 해라'라고 강조했던 김수현의 생각이 궁금해서 그의 대표 저서인 《부동산은 끝났다》를 펼쳐봤다.

"따라서 우선, 자가소유가 지금보다 더 늘어나기는 어렵고 또 더 늘리면 위험할 수 있다는 생각을 해야 한다. 일본의 자가소유율이 우리와 비슷하고, 그렇게 된 지 40년 가까이 되었다는 데서 시사점을 찾아야 한다. 미국 서브프라임 모기지 사태의 진원지가 구입능력이 낮은 계층에게 무리하게 자가소유를 유도했기 때문인 것도 반면교사로 삼아야 한다."(317쪽)

김수현 전 실장은 자가소유가 지금보다 늘어나기 어렵다고 주장한다. 그래서 "민간임대주택 관련 세제, 임대차 제도 등을 근본적으로 혁신"하자고 한다. 그리고 주택을 임대하는 사람들을 "다주택자라는 시각"으로 보지 말고 "국민에게 적절한 주거를 제공하는 공급자"라는 관점으로 바꿔 바라보자고 한다.

"다주택에 대해 거부감을 가진 분들이 많을 것이다. 실제 여러 채 갖는 것을 금지토록 하자는 정당이 있을 정도이다. 그러나 우리나라에서 모든 가구가 내 집이나 공공임대주택에서 살아갈 수는 없다. 전체 가구의 3분의 1 정도는 내 집 마련이 불가능하다는 점을 인정하자. 또 공공임대주택을 무한정 늘릴 수도 없다. 최대치가 10~15% 정도일 것이다. 그러면 20% 정도의 가구는 민간 소유 임대주택에서 살아갈 수밖에 없다. 이들의 주거를 안정시키는 것이

목표라면, 민간임대차 제도를 근대화시키는 방향으로 가는 도리 밖에 없지 않은가?"(347쪽)

김수현 전 실장은 다주택에 '거부감'을 가진 사람들을 향해 생각을 바꾸라고 설득한다. 전체 가구의 3분의 1 정도는 내 집 마련이 '불가능'하다고 한다. 일단 정서적으로 공감하기 어려운 주장이다. 전체의 3분의 1은 집을 마련 못 하는데도 다주택자가 주택을 싹쓸이해서 임대하는 것은 긍정적으로 바라봐야 할까?

구매 능력이 낮은 계층이 거액의 대출을 받아 집을 사면 문제가 된다고 김수현은 말한다. 틀린 이야기는 아니다. 그런데 다주택자에 게는 80%의 과도한 대출을 나라가 허용하고 집을 몇 채씩 사들이는 것은 어째서 괜찮다고 생각했을까? (문재인 정부 초기에는 주택임대사업자로 등록한 사람들에게 주택 가격의 80%까지 대출을 허용했다.) 세금은 안 내고 대출은 80% 받을 수 있었으니 이들은 자기 자본을 거의 투입하지 않고 월세 보증금만 받아 집을 사들이는 투기를 벌였다. 만약 추후 집값이 급격하게 하락한다면 이들이야말로 월세 또는 전세 보증금도 돌려주지 못하는 등의 커다란 사회문제를 일으킬 수 있다.

다주택자를 선량한 민간임대주택 공급자로 바라보자는 주장에도 허점이 있다. 다주택자라면 당연히 누군가에게 민간임대주택을 공급하게 된다. 예컨대 집이 5채라면 아주 특수한 경우를 제외하고는 본인이 1채에 거주하고 4채를 임대할 것이다. 임대사업자들에게 혜택을 주기 전에는 서민들이 전세와 월세로 들어갈 집이 없었을까? 당연히 그렇지 않다. 전월세 제도는 임대사업자 혜택 이전에도 있었고 이후에도 존재한다.

김수현의 말은 우리 사회에서 상당한 재력과 힘을 가진 세력인 다주택자들과 싸우고 싶지 않으니 그들을 그냥 인정하자는 것으로 들린다. 스스로 '촛불 정부'라고 했는데 정책의 면면을 보면 기득권은 절대 건드리지 않는다. 그러니 우리의 삶도 나아지지 않는다.

**김헌동** 김수현이 서울시에서 했다가 실패한 도시재생 뉴딜 같은 것은 사실 몇몇 시민단체에서 흘러나온 정책입니다. 노무현 정부도 참여연대 제안 정책을 채택한 적이 있지요. 2004년 6월 참여연대는 경실련과 소비자시민모임 등과 함께 분양원가 공개 운동을 하기로 했다가 갑자기 분양원가 공개가 능사가 아니고 원가연동제가 더 나을 수도 있다는 식으로 물타기를 했어요.

참여연대와 환경단체 포함 몇몇 시민단체는 참여정부가 2기 신도시를 그린벨트에 건설할 때 거의 비판을 하지 않았지요. 그런데 이명박 정부 때 그린벨트에다 보금자리주택을 짓는 것은 나쁜 정책이라고 했어요. 그린벨트에 3억짜리 아파트를 공급하는 것에 대해 서민들이 분양을 받기 너무 비싼 금액이라고 비판했지요. 그런 비판에 가세했던 사람이 지금 환경부 장관이 된 조명래와 LH 사장인 변창흠 등 입니다.

과거에 변창흠은 건물만 분양하는 제도는 아주 좋은 제도고 분양원가 공개는 반드시 해야 한다고 했어요. 그랬던 사람이 박원순 시장 때 SH 사장을 3년씩이나 하면서 분양원가 공개를 안 했어요. 분양가상한제도 지키지 않고 서울 시민에게 바가지 분양을 해왔어요. 지금은 LH 사장이 되어 또 시민에게 터무니없이 높은 분양가로 바가지를 씌우는 행동을 하고 있습니다. 지금 변창흠 사장은 건물만 분양하는 방식은 아예 생각도 하지 않아요. 분양원가 공개는 국토부와 협의해야 할 수 있다는 식으로 말하고 넘깁니다. 지금 LH공사와 SH공사는 경실련과 분양원가 공개 관련 소송 중이에요.

문재인 정부가 추진 중인 3기 신도시 땅은 전부 보존 가치가 높은 그린벨트입니다. 거기에 신도시를 만든다고 했을 때 환경론자라는 조명래 장관은 일언반구도 없었습니다. 환경영향평가 등에 대해서도 다 동의를 했을 겁니다. 2020년 8.4대책이 나오기 전 서울 시내에 있는 그린벨트를 파괴해서 주택 공급을 늘리자고 했을 때도 환경부 장관이 한마디도 안 했어요. 이런 비겁한 시민운동가들이 지금 문재인 정부 고위 공직을 차지하고 있어요. 그 밑에 있는 관료들이 이런 장관이나 공기업 사장을 어떤 시각으로 바라볼까요? 땅 부자와 재벌은 아마 지금 웃고 있을 겁니다.

장하성, 김상조, 조국, 조명래, 변창흠 외에도 수많은 시민운동가 출신이 문재인 정부에 대거 참여했습니다. 그런데 자신들이 시민운동을 할 때 주장했던 바를 관철하려고 노력하는 사람은 거의 찾아볼 수 없습니다. 이런 사실을 시민들이 알았으면 합니다.

#김수현 #서울형도시재생사업 #도시재생뉴딜 #임대사업자_혜택 #부동산은_끝났다
#아니_내집마련이_끝났다 #조명래 #변창흠

지금까지 대통령이 잘못 임명한 사람이 만든 잘못된 정부 정책이 집값을 끌어올렸음을 확인했다. 정부는 경제성장률 등의 수치를 의식하기 때문에 건설업을 통해 인위적으로 경기를 부양하려는 유혹에 빠지기 쉽다. 집값과 임대료 상승으로 국민이 고통을 겪더라도 실제로 집값을 낮추는 정책이 시행되지 않는 이유가 여기에 있다. 한국 경제를 지배하다시피 하는 재벌 대기업들과 관료들은 한 몸처럼 얽혀 지내면서 재벌과 토건업계에 유리한 방향으로 정책을 결정한다.

진짜 변화가 일어나려면 정책의 방향이 시민과 소비자 중심으로 바뀌고 사람이 바뀌어야 한다. 이제 국민은 근본적인 변화를 원한다. 4부에서는 지난 20년 동안 집값 잡는 방법을 고민하고 그 방법을 현실에서 구현해보기도 했던 김헌동 본부장의 집값 낮추기 대안을 자세히 소개한다.

# 4부

# 집값 낮추기, 쉽다!

## 김헌동이 제안하는 주거 문제 해결의 뚜렷한 대안

지난 3년간 집값이 너무나 빠른 속도로 올랐습니다. 한 시라도 빨리 내려가야 하는 게 맞겠지요? 예전에는 집값을 연착륙 시켜야 한다는 주장도 있었는데 요즘은 많이 들리지 않네요. 집값이 폭락하면 이런저런 문제가 생길 거라는 우려도 있습니다.

**김헌동** 3년 동안 집값이 3억이 올랐으면 3억이 떨어져야지요. 그래야 정상화라고 말할 수 있습니다. 문재인 정부가 불필요하게 올려놓은 만큼은 최소한 내려가야 하는 거고, 사실은 박근혜 정부가 올려놓은 것까지 내려야 맞습니다. 이낙연 의원이 1999년에 2억 주고 샀던 집이 지금 20억까지 올랐는데 절반 가격인 10억으로 떨어진다고 해서 무슨 큰 손해를 봅니까? 강남 아파트 몇 채로 부자가 된 사람들과 투기꾼들이 기분 좋다가 만 것이 경제에 무슨 영향을 주나요? 수출이 안 되나요? 땅값과 집값이 비싸서 국가 경제에 무슨 이득이 생기는지 되묻고 싶습니다. 땅값이 비싸면 제조 원가가 올라가고 물류비도 비싸져서 기업과 국가의 경쟁력이 오히려 떨어집니다.

땅과 집은 수출도 수입도 안 되는 전형적인 내수 상품입니다. 비싼 가격에 수출할 것도 아닌데 집값이 비싸면 우리 청년과 집 없는 서민만 고통을 받는 겁니다. 집 한 채 갖는 것이 서민의 꿈과 희망인데 그 꿈과 희망을 문재인 정부가 꺾어놓았어요.

우리나라에 집이 2200만 채입니다. 집을 가진 사람이 1300만 명 정도 되고, 나머지 900만 채는 이미 집을 가진 사람이 사재기한 겁니다. 그중 임대사업자가 신고한 것이 152만 채고요. 그 사람들이 보유한 주택이 시장에 매물로 나오면 집값이 하락합니다. 그게 바로 공급입니다. 그러려면 '집값도 하락한다', '빚내서 집을 여러 채 사면 큰 손해가 된다'라는 인식이 분명하게 심어져야 합니다. 그런 인식이 생겨서 집값이 하락하면 청년이나 신혼 가구 등 집이 필요한 서민도 집을 살 기회가 생기겠지요. 집값은 빨리 정상가로 떨어져야 합니다. 빚더미 속에 국민의 90%가 고통을 감내하는 경제보다 국민의 90%에게 희망이 생기는 경제가 훨씬 좋습니다.

## 거품을 빨리 빼내야 건강하게 살 수 있다 ————————

〔안진이〕 조금 더 자세히 들어가 보면 좋겠습니다. 부동산 거품이 꺼지면 어떤 일이 발생할까요?

〔김헌동〕 먼저 부동산 투기로 만들어진 거품이 어떤 문제를 일으키는지 생각해보지요. 부동산 가격 거품이 커지면서 땅이나 건물을 가진 사람들은 일하지 않고 가만히 앉아 있어도 임대료로 수입을 얻을 수 있고, 자산은 자산대로 늘어나게 됩니다. 문재인 정부가 임대소득과 자산가치의 증가라는 두 가지 선물을 준 거지요. 보너스로 세금은 한 푼도 안 내고, 대출은 80%씩 두 배 더 받았지요. 건물 등 부동산에 투자 한 사람들, 원래 부동산이 많았던 재벌과 법인을 크게 웃도록 만들었습니다.

반면 자기 건물이 없이 매달 임차료를 지불하면서 장사하는 사람들은 아무리 열심히 일해도 버티기 힘들어졌어요. 수입이 줄어도 임차료는 치솟고, 세금은 세금대로 내야 하고, 영업이익은 감소하는 이중고·삼중고를 겪고 있습니다.

집값 때문에 생기는 자산 양극화는 말할 것도 없지요. 지금 직장인들은 회사에 다니며 일할 맛이 안 난다고 말합니다. 중소기업인들은 기업을 더 이상 운영하기 싫다고 이야기합니다. 젊은이들도 생산

김헌동의 부동산 대폭로, 누가 집값을 끌어올렸나

적인 일에 뛰어들기보다 부동산 투자를 통해 불로소득을 얻으려고 합니다. 비정규직 노동자나 영세 자영업자 등 형편이 어렵거나 일자리가 불안정한 서민들은 어떨까요? 평생 집을 포기하고 살아야 하는 겁니다. 이들 모두 내 집 마련의 꿈과 희망을 빼앗겼어요. 결국, 부동산을 가진 자와 못 가진 자의 자산 양극화가 점점 심해지는 겁니다. 중산층이 빈곤층으로 내려가고 있어요. 이것은 '약탈'이라고 봅니다. '현대판 소작료' 착취지요.

문재인 정부 3년 동안 서울 아파트값은 약 52% 폭등했어요. 서울 아파트만 3억에 170만 채, 510조 불로소득이 발생했어요. 서울 부동산 전체에서 1000조, 전국 땅값 상승에 의한 불로소득은 2000조 이상으로 추정합니다. 지난 3년간 발생한 2000조의 거품이 사라져야 합니다.

거품이 사라져도 무주택자 45%, 지방에 집을 가진 사람 30%, 서울이나 수도권에서도 집값이 별로 안 오른 지역의 사람 20%, 합쳐서 전체 국민의 95%는 아무 피해도 없습니다. 평범한 1주택자들은 집값이 상승해서 기분 좋았다가 거품이 빠져 기분이 나빠지는 정도라고 볼 수 있지요. 다만 상위 1% 정도, 그중에서도 투기를 일삼았던 계층은 타격을 입을 겁니다.

그러니까 당장은 아픔이 있겠지만, 국가 미래를 생각한다면 감내할 수 있는 고통입니다. 감내해야 합니다. 아무 고통 없이 거품을 제거한다는 것은 불가능에 가깝습니다. 그래서 애초에 집값을 올리지 말았어야 해요.

솔직히 말하자면 저는 투기 세력과 은행이 거품이 빠져 타격을 좀 입어봐야 한다는 생각도 있어요. 그래야 한국의 금융 시스템도 더 발전할 수 있을 겁니다. 부동산 투기로 인한 불로소득이 이 땅에서 사라지게 해야 합니다. 그렇게 되면 양질의 일자리도 자연스럽게 창출됩니다. 지식산업을 중심으로 창업이 늘어나고, 고학력 젊은이를 포함해서 수많은 청년을 위한 일자리가 생겨날 테니까요.

<u>안진이</u>　예전에 내신 책을 보면 김태동 교수님께서 "거품이란 표현은 서양 사람들이 붙인 이름이고, 나라 경제에 미치는 폐해가 얼마나 심각한가? 라는 관점에서 보면 거품보다 암이라고 하는 것이 더 적절하다"라고 말씀하신 부분이 있습니다. 지금의 집값은 거품이라는 표현으로 부족하고, 사회의 암에 더 가깝겠지요?

**김헌동**　물론이지요. 암은 생기지 않도록 해야 합니다. 그리고 생겼다면 조기에 발견해서 치료해야 합니다. 지금까지는 경제성장률 몇 %를 유지하겠다고 암 덩어리를 키워온 거예요. 이제는 정말 제대로 치료를 해야지요. 암이 커지기 전에 빨리 도려내야지요. 연착륙을 시켜야 한다느니, 서울 집값은 거품이 아니라느니, 지난 정권 탓

이라느니, 일본식으로 부동산 거품이 빠지면 장기 불황이 온다느니, 중산층 서민에게 피해가 전가된다느니 하는 말들은 모두 투기를 원하는 세력이 만든 주장입니다. 이런 주장을 했던 사람들은 의도했든 의도하지 않았든 결과적으로는 투기 세력에게 수천조 원을 추가로 넘겨준 셈이고 부동산 문제를 아주 심각하게 만든 것입니다.

암이 생긴 이유는 실수요자가 아닌 다주택자가 투기를 목적으로 집을 사재기했기 때문입니다. 그리고 정부가 이를 조장한 겁니다. 재벌과 토건 세력의 이익을 위해서지요. 집과 땅을 사두면 이득이 된다고 판단하니 사려는 사람이 많아졌습니다. 정반대로 정부가 진짜 집값을 잡으려고 하는구나, 이제는 집값이 틀림없이 내려가겠구나 하는 판단이 들도록 제도나 정책을 만들어야 합니다. 그러려면 주택 공급 방식과 시스템을 원천적으로 바꿔야 합니다. 지금의 정책과 제도로는 절대 불가능해요. 우리 사회는 암 덩어리를 키우고 지탱하려는 세력의 힘이 아직도 크다는 점이 문제입니다.


〈해설〉 **뉴욕 맨해튼 아파트값=서울 강남 아파트값**

코로나19 직격탄을 맞은 미국 뉴욕 맨해튼의 아파트는 거래가 반토막 나고 가격도 17.7% 급락했다고 《뉴욕타임스》가 보도했다(2020년 7월 2일자). 이 신문에 따르면 2020년 2분기에 거래된 맨해튼 아파트 중위가격은 작년 2분기보다 17.7% 떨어진 100만 달러(12억 원).

그런데 이 가격은 서울 강남권 아파트값과 비슷한 수준이다. KB주택가격동향 자료에 따르면 2020년 6월 강남권 11개구의 아파트 중위가격은 11억 6345만 원이었다. 서울 전체 아파트 중위가격은 문재인 정부 3년간 52.7% 폭등해 9억 2582만 원을 기록했다. 비록 뉴욕이 코로나19로 큰 타격을 입었다고는 하나, 미국의 경제 중심이자 세계경제의 중심인 뉴욕 한복판 맨해튼의 집값과 서울 강남 아파트값이 엇비슷하다는 사실은 서울 아파트값에 얼마나 거품이 많이 끼었는가를 여실히 보여준다.


## 대통령의 의지만 강하면 집값 잡기는 쉽다 —————

안진이 ⟩ 시스템을 다 바꿔야 한다니, 쉽지 않겠네요.

김헌동 ⟩ 쉬워요. 단순하게 생각하면 됩니다. 새 집을 헌 집의 반 값에 꾸준하게 공급하는 겁니다. 비유하자면, 새 차가 헌 차의 반값으로 계속 나오면 헌 차가 터무니없이 비싼 값에 팔리겠습니까? 안 팔리지요? 사재기한 헌 차가 시장에 무더기로 쏟아져 나오게 해야 합니다.

안진이 ⟩ 집값을 올리는 세력, 즉 권력자들과의 싸움은 어렵지만

## 반값 새 차

'거품덩어리' 헌 차 1000만 원　'원가 검증' 새 차 500만 원

원가 검증된 새 차가 거품덩어리 헌 차의 반값으로 계속 나온다면?

집값을 내리는 방법 자체는 간단하다는 말씀이지요? 의지만 있으면
방법은 다 마련되어 있다?

**김헌동** 　우선 집값을 자극하는 무분별한 개발부터 축소시켜야
합니다. 부동산 불평등 실태를 제대로 드러낼 수 있는 정확한 통계
체계를 구축해야 하고요. 그리고 분양원가 공개와 함께 분양가상한
제를 전면적으로 시행해야 해요. 분양가상한제를 찔끔 적용할 게 아
니라 즉시, 전국적으로 시행해서 분양가 거품을 완벽하게 제거해야
합니다. 공공 보유 토지는 건물만 분양하는 방식으로 공급하거나 공
공주택을 대폭 확충하면 되고요.

　지금 정부에서 만지작거리고 있는 종부세 인상, 양도세, 대출 규

제 같은 정책들은 공시가격이 시세보다 헌저히 낮게 조작된 조건에서는 실효성이 없습니다. 따라서 공시지가를 두 배 이상 즉시 인상해서 현실화해야겠지요. 그리고 당연히 임대사업자로 포장된 투기 세력에 대해서는 기존 세제 특혜를 모두 박탈하고 기존 대출도 모두 회수해야 합니다.

1가구 다주택자에 대해 1주택 이외의 담보대출도 회수하고, 전세보증금을 담보로 하는 대출도 없애야 합니다. 대부분 법을 고치지 않아도 의지만 있으면 할 수 있는 일입니다. 하지만 건설업자와 재벌이 싫어하는 정책이에요. 토건회사와 공기업 그리고 재벌이 싫어하는 정책을 도입해야 새로 짓는 집값이 정상화되고 거품이 잔뜩 긴 기존 집값도 정상가로 떨어집니다.


**대통령과 광역단체장들이여,**
**'3대 권력'(토지수용권, 용도변경권, 독점개발권)을 국민 위해 써라** ————

안진이 ▷ 모두 현 정부가 하지 않을 것 같은 일들입니다.

김헌동 ▶ 정부가 진정으로 부동산 문제를 해결할 의지가 있다면 집값을 정상화시키는 것은 쉽습니다.

한국에는 한국토지주택공사LH와 서울주택도시공사SH가 있어요. 경기도에도 경기주택도시공사GH가 있지요. 모두 정부 소유 공기업입니다. 이 공기업들은 토지수용권, 용도변경권, 독점개발권이라는 3대 권력을 가지고 있어요. 대통령, 서울시장, 경기도지사가 권한을 행사할 수 있습니다. 이는 서민의 주거 안정만을 위해 사용하라고 위임해준 권력입니다. 이런 막강한 권력은 세계 어느 나라도 없지 않나요? 러시아 대통령에게도 없고 미국 대통령에게도 없습니다. 이 3대 권력을 활용하여, 원하는 곳에 토지를 확보하여, 공공의 이익에 부합하는 값싸고 질 좋은 주택을 공급해서 국민의 주거를 안정시키는 데 사용해야 합니다.

노무현 정부가 추진했던 판교의 경우 논밭, 임야를 평당 100만 원에 수용했어요. 여기에 평당 300만 원에 아파트를 지으면 원가가 400만 원이지요? 인근의 분당이 평당 700만 원, 강남이 평당 1500만 원인데 판교에다 평당 500만 원짜리 아파트를 분양하면 어떻게 되겠습니까. 분당도 떨어지고 강남도 떨어집니다.

사실 노무현 정부에서 판교 신도시를 추진할 때 토지는 분양하지 말고 건물만 분양해라, 토지와 건물을 모두 개인에 분양하지 말고 공공 보유를 확대해라, 아파트 용지는 민간에 매각하지 말아라, 상업용지와 업무용지만 매각해라 등을 요구했는데 참여정부가 2005년 받아들일 것처럼 하다가 결국 거부했어요.

## 서울 30평대 아파트 2억 이내 공급 가능!

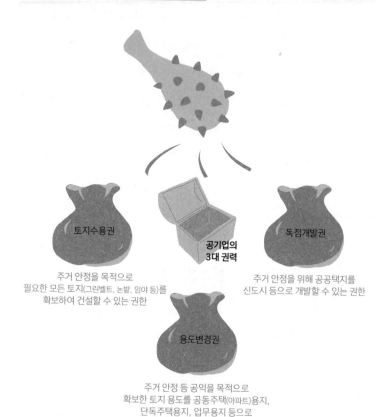

토지수용권

주거 안정을 목적으로
필요한 모든 토지(그린벨트, 논밭, 임야 등)를
확보하여 건설할 수 있는 권한

공기업의
3대 권력

독점개발권

주거 안정을 위해 공공택지를
신도시 등으로 개발할 수 있는 권한

용도변경권

주거 안정 등 공익을 목적으로
확보한 토지 용도를 공동주택(아파트)용지,
단독주택용지, 업무용지 등으로
변경할 수 있는 권한

〈택지개발촉진법〉 등 각종 법령을 통해 보장되는 세 가지 권력은 현재 정권,
재벌, 관료의 부동산 동맹을 성역화하는 방향으로 악용되고 있다. 그러나 서
민의 주거 안정을 위해 정부, 정부 소유 공기업, 공공기관에게 위임된 '3대 권
력'을 사용한다면 미친 집값을 즉각 정상화할 수 있을 것이다.

지금 정부가 그린벨트 등을 강제로 수용해서 건물을 평당 600만 원에 짓는다고 하면 대한민국 어디든 아파트 건물을 평당 700만 원 이하로 분양 가능합니다. 서울 강남에다 아파트 건물을 지어도 평당 건물값은 600만 원 수준입니다. 강남 그린벨트 땅값 300만 원에 건축비 600만 원으로 하면 분양원가 900만 원입니다. 신도시를 만들더라도 이렇게 만들어 대량으로 공급하면 집값이 안 오릅니다. 왜? 공공이 분양하는 아파트 가격을 민간 분양가의 40% 수준까지 낮출 수 있으니까요. 그러라고 그린벨트 내 논밭 임야에 아파트를 지을 수 있는 특별한 권한을 준 겁니다. 이것이 1970년대 박정희, 1980년대 전두환, 1990년대 노태우와 김영삼 정권까지 지속 시행된 정책이에요. 2000년에 외환위기 극복이라는 명목으로 분양가상한제를 폐지하면서 달라진 거지요.

지금도 서울에 평당 600만 원, 30평대 아파트를 2억 이내로 공급 가능해요. 문재인 정부가 추진 중인 3기 신도시부터 건물만 분양한다면 평당 600만 원, 토지를 포함해서 800만 원에 분양 가능합니다. 30평 아파트 건물은 2억 원, 토지 포함 2억 5000만 원에 가능합니다.

안진이 　 2억 5000만 원! 현실감이 없을 정도로 싼 가격입니다. 지금 둔촌주공아파트만 해도 조합원들이 원하는 가격은 평당

3500만 원이라고 하는데요? 경기도 과천에서 분양하는 아파트는 평당 2400만 원이고요.

## 이명박은 60점, 노무현은 20점인 이유

**김헌동** 그래요. 평당 몇천만 원 하는 그런 상황에서 저의 대안대로 평당 건물 600만 원, 토지 포함 800만 원 아파트가 지속적으로 공급되기 시작하면 어떻게 될까요? 기존 아파트값이 뚝 떨어집니다. 5억, 6억에 분양받은 사람들이 입주 시점이 되면 집값이 50% 가까이 떨어져 손해를 봅니다. 그러면 아무도 아파트를 안 사요. 민간이 분양하려는 아파트 청약률이 10% 수준이 되고 미분양이 쌓입니다. 새 아파트가 대량 미분양이면 30% 이상 할인하게 됩니다. 그런데도 헌 아파트를 사러 다닐 사람이 있을까요? 간단한 겁니다. 사실은 이명박 정부를 거치면서 다 경험했던 일입니다. 지금도 이렇게 하면 됩니다.

알다시피 이명박 전 대통령은 건설 관련 규제를 다 풀어서 부동산값을 올려놓을 것으로 보였어요. 하지만 아니었습니다. 오히려 2008년 2월부터 1년 반 관료들이 저항하고 대통령과 청와대 지시를 거부하면서 노무현 정부 방식으로 가려고 했지요. 그러자 이명박

김헌동의 부동산 대폭로, 누가 집값을 끌어올렸나

대통령은 주택공사와 토지공사를 통합하면서, 초대 통합 사장에 이지송을 임명합니다. 현대에서 함께했던 인물이지요. 그리고 2009년 8·15 경축사에서 '집 없는 서민들이 집을 가질 수 있는 획기적인 주택정책을 강구하고 있습니다'라고 하더니 보금자리주택 정책을 내놓습니다. 실제로 2010년부터 수도권 곳곳에 '반값 폭탄'을 떨어뜨렸어요. 당시에 만든 보금자리주택은 주변 시세의 40~60% 수준이었습니다. 강남 평균 집값이 평당 3500만 원이었는데 내곡동, 세곡동 보금자리주택 분양가는 900만~1200만 원이었어요. 강남과 서초에도 이 정도 가격으로 아파트를 지을 수 있다는 걸 이명박이 직접 보여준 겁니다.

<u>안진이</u> 오세훈 전 서울시장과 이명박 전 대통령 칭찬을 자주 하시는데, 가끔 난감한 일도 겪으실 것 같습니다.

**김헌동** 2010년 이명박 정부 시기에 《미디어오늘》 기자가 찾아왔어요. '노무현이 띄운 집값, 이명박이 잡는다'라고 인터뷰를 했습니다. 그랬더니 《시사인》, 《오마이뉴스》, 《프레시안》 등 친노무현 언론들이 번갈아가며 저를 찾아와서 '어떻게 노무현보다 이명박이 잘한다고 하느냐?'라고 하더군요. 그래서 이명박이 뭘 잘했는지 제가 이야기했습니다. 참여정부 시절 서울 강남에서 평당 3000만 원대에

아파트가 분양됐어요. 그에 비하면 보금자리주택은 서울 강남 지역 평당 1200만 원, 서울 외곽에서는 800만 원대였어요. 그보다 높은 민간아파트 분양가는 거품임을 보여준 겁니다.

이명박 대통령은 이미 개인 비리와 잘못 때문에 감옥에 갔어요. 잘못한 것은 잘못한 것이고, 잘한 것이 있다면 잘했다고 해야지요. 사람들은 이명박이 대통령 되면 강남 아파트값이 평당 1억은 될 거라고 했습니다. 그런데 이명박 정부 시기(2008년 12월~2013년 2월)에 서울 아파트값은 KB국민은행 통계 기준으로 3%가량 하락했어요.

지금도 대다수 사람은 이명박이 잘한 게 아니라 리먼브러더스 사태로 집값이 하락했다고 알고 있는데 그렇지 않습니다. 이명박 대통령 취임 후인 2008년 9월에 리먼 사태가 터졌어요. 원래 12~13억 원을 호가하던 은마아파트가 9억으로 떨어졌지요. 정부의 부양책으로 부동산 시장을 떠받친 결과, 12월쯤 되니 13억으로 다시 올랐습니다. 그래서 2010년 초까지만 해도 부동산 전문가라는 사람들이 집값이 물가상승률 이상으로 오를 거라고 전망했어요. 그런데 2010년 4월이 되자 은마아파트는 10억 원 밑으로 떨어졌습니다. 그 몇 달 사이에 다른 일은 없었어요. 가격 변화 요인은 단 하나였어요. 앞으로 보금자리주택을 싼값에 계속 공급할 거라는 신호를 시장에 보냈던 겁니다. 원래는 수도권에 250만 호 보금자리주택을 공급한다고 했어요. 그것이 실현됐어야 하는데…. 그런데 박근혜 정부에서 그 땅을 민간업자에게 나눠줘 버렸어요.

저는 주택정책 측면에서 이명박 전 대통령이 60점이라면 노무현 전 대통령은 20점으로 평가합니다. 강남 아파트만 가지고 이야기를 해보지요. 1999년에는 평당 900만 원에도 아파트가 팔리지 않고 미분양이 60%를 넘었어요. 그때 김대중 정부가 분양가상한제를 폐지해서 집값이 오르기 시작했고, 2003년 노무현 전 대통령 취임 당시에는 강남 아파트값이 평당 1300만 원까지 갔습니다. 30평형 기준으로 2억짜리가 4억으로 바뀌었으니 2배가 뛴 거지요. 그런데 노무현 전 대통령 취임 당시 4억 가던 강남 아파트가 2007년 퇴임 무렵에는 14억이 됐습니다. 3.5배가 올랐어요. 그런데 이명박 정부가 끝나고 박근혜 전 대통령이 당선되는 시점에는 강남 아파트가 11억으로 떨어졌습니다. 그 11억 아파트를 박근혜 정부가 5년간 끙끙대면서 13억으로 만들었습니다.

그래도 노무현 정부만큼은 올리지 못했지요. 그 13억을 넘겨받은 문재인 정부는 3년 만에 20억을 만들었고요.

**30평 아파트, 서울에서 2억 이내로 당장 공급 가능하다** ────

〈 안진이 〉 네 강남 아파트가 이미 그렇게 치솟은 상태입니다. 시중

유동자금이 3000조 원을 넘겼고, 부동산 투기가 이명박 정부 때보다 더 만연해 있습니다. 그래도 같은 대안이 통할까요? 지금이라도 반값 아파트를 공급하면 집값이 하락하나요?

**김헌동** 네, 하락한다고 확신합니다.

주택임대사업자 혜택을 다 없앤다 치더라도 지금처럼 고분양가 정책을 계속 끌고 가면 집값이 내려가지 않습니다. 집값이 계속 오르면 사람들은 무조건 달려들게 돼 있습니다. 최근 20년 동안 벌어진 일입니다. 반대로 말해서 집값이 계속 떨어지는데, 사겠다고 달려드는 사람은 없습니다.

지금이라도 강남에서 평당 1000만 원대에 분양하면 됩니다. 서울시는 강남 삼성동 서울의료원 땅을 보유하고 있어요. 거기다 평당 600만 원에 30평 아파트를 건물만 2억 미만으로 분양할 수 있습니다. 그런데 강남 수서역 주변에 작년 말 평당 2400만 원에 분양했어요. 금년 초에는 마곡지구에 평당 900만 원에 분양할 수 있는 걸 1900만 원에 분양했고요. 공기업이 폭리를 취하고 분양원가 공개는 하지 않아 소송하게 만들고…. 시민을 상대로 공기업마저 바가지를 씌우고 남겨 먹으니 민간 건설업자와 재벌이 어떻게 할까요?

**안진이** 더하겠지요.

김헌동의 부동산 대폭로, 누가 집값을 끌어올렸나

## 판교 신도시 개발이익 발생도

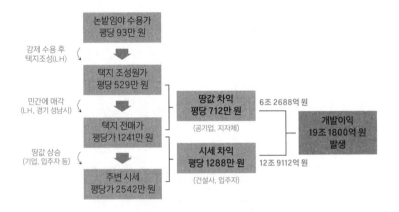

논밭임야 수용가
평당 93만 원

강제 수용 후
택지조성(LH)

택지 조성원가
평당 529만 원

민간에 매각
(LH, 경기 성남시)

택지 전매가
평당가 1241만 원

땅값 차익
평당 712만 원
(공기업, 지자체)

6조 2688억 원

개발이익
19조 1800억 원
발생

땅값 상승
(기업, 입주자 등)

주변 시세
평당가 2542만 원

시세 차익
평당 1288만 원
(건설사, 입주자)

12조 9112억 원

## 위례 신도시 아파트 건축비 예시

(2019년 4월 기준, 단위: 평/만 원)

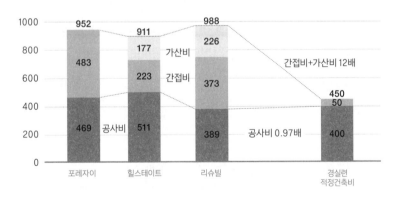

• 적정건축비=법정건축비+시공이윤 5%
건축비=직접비(건설공사)+간접비(관리비용 등)+가산비(직접비에 추가 가능한 비용)

**김헌동**　　민간은 더 왕창 남겨 먹으려고 합니다. 그런 민간에 공공이 나서서 땅도 헐값에 대줍니다. 복권 추첨식, 제비뽑기식으로 벌떼 입찰이 벌어져요. 공기업과 민간이 합작해서 공동 분양까지 해요. 그러니 늘 민간 건설회사, 재벌, 공기업만 배를 불려요. LH, SH는 이미 공공성을 상실한 상태입니다. 문재인 정부는 이런 공기업을 내세워 구도시의 재개발과 재건축에까지 참여한다고 하고요. 고장 나버린 시스템을 고치겠다는 이야기는 3년 동안 안 했고 지금도 안 합니다. 공급 방식을 고치지 않는 공급확대는 아무런 의미가 없어요.

문재인 정부는 신도시 개발로 확보한 땅을 재벌과 건설업체에 싸게 주고 있습니다. 그들에게 바가지 씌울 권한까지 줍니다. 시세의 40%에 할 수 있는 것을 시세의 80%에 하도록 해주면 건설업자가 40%를 먹잖아요. 재벌과 건설업자만 돈 벌게 해주는 겁니다. 공기업도 원가 2억 5000만 원의 30평 아파트를 새 아파트라는 이유만으로 5억 원에 분양해 2배 이익을 남기고 있습니다. 민간은 한술 더 떠서 6~7억 원에 분양하고, 주변 가격도 덩달아 오르는 악순환이 되풀이됩니다. 공기업을 활용해 정부가 장사하고, 땅을 빼앗아 민간에 넘기고, 민간은 바가지 장사를 하고…. 방향이 잘못된 겁니다. 집값 안정시키라고 준 권력을 집값 올리는 데 쓰고 있습니다.

40년 된 강남 아파트,

재개발·재건축 그만하고 이대로 100년 더 쓰자 ————

안진이 〉 본부장님의 대안이 실현되어 저렴한 아파트가 계속 공급되면 재개발·재건축 아파트의 분양가도 낮아질까요?

김현동 당연히 낮아집니다. 멀쩡한 건물을 부수는 재개발·재건축은 중단하거나 취소하게 됩니다. 이명박 정부 후반인 2011년, 박원순 서울시장이 취임했을 때만 해도 서울에 있는 재개발·재건축 조합이 서로 조합을 해체하겠다면서 건설업자에게 빌린 돈만 갚을 수 있도록 정부와 서울시가 도와달라고 했어요.

재개발이나 재건축을 추진하려면 타당한 이유가 있어야 합니다. 집이 머지않아 무너질 것 같아서 사람이 살 수 없다든가 하면 재건축을 해야지요. 그런데 서울 강남에 심각한 안전 문제로 당장 철거해야만 하는 아파트가 하나라도 있나요? 반포나 압구정동에서 재건축을 추진하는 아파트들을 직접 가서 보시면 멀쩡합니다. 서민들에게 빌려주면 20년 이상 더 살 수 있을 겁니다. 목동 아파트나 압구정 현대아파트처럼 40년도 채 안 된 아파트를 부수는 나라는 지구상에 없습니다.

아파트를 지을 때에는 사회적 비용이 발생합니다. 임야를 훼손시켜 골재를 채취하고, 바다를 훼손시켜 모래를 채취하고, 태백산을 파괴해서 석회석을 채취해 콘크리트를 만들어야 해요. 이렇게 환경을 파괴하고 국가적 비용을 들여가며 멀쩡한 아파트를 부수고 새로 짓는 나라가 어디 있습니까? 아파트를 철거할 때 콘크리트를 부수면 엄청난 폐기물이 나와요. 폐기물 처리와 매립 과정에서 또 다른 환경 파괴와 훼손이 이어집니다. 가진 자들의 탐욕을 채우려고 환경을 파괴하고 불필요한 비용과 자원을 낭비하는 것은 후손과 미래 세대에게 죄를 짓는 행위입니다.

유럽 국가들은 300년, 400년 된 주택도 원형을 그대로 보존하고 내부만 고쳐 씁니다. 그런데 30년, 40년 된 강남 아파트 단지를 왜 부수고 재건축합니까? 누군가의 탐욕을 채우기 위해 그런 일들이 벌어지는 겁니다. 재벌이 일감(먹잇감)을 원하고, 투기꾼이 불로소득을 노리고, 부패한 관료가 뇌물을 원해서 재건축과 재개발을 추진하기 때문에 멀쩡한 5층, 15층 아파트를 부수고 35층, 50층 아파트를 허용하는 겁니다. 이런 특혜를 없애야 합니다.

멀쩡한 아파트를 부수면 누가 좋아합니까? 재벌 건설회사의 일감만 늘어납니다. 강남 아파트들의 재건축 시장에 뛰어드는 업체들은 대부분 삼성, 현대 등 5대 재벌 그룹 계열 건설사입니다. 그러니까 재건축하고 재개발한다는 것은 재벌들에게 먹잇감을 만들어 준다는 뜻입니다. 원래 건설(시공)업체는 건설에만 전념해야 합니다. 그런데 현실에서는 건설업체가 조합장을 앞세워 조합원 권한의 60%를 위임받아 사업을 주도합니다. 재벌 건설사들이 은행에서 돈을 대출받거나 보유한 돈을 활용해서 재건축이 예정된 아파트 단지 입주자들의 이사비와 이주 비용을 제공합니다. 그러니 재개발 및 재건축 관련 비리 사건이 자주 발생해요. 강남에 아파트를 보유한 개인이 아파트 재건축으로 기대할 수 있는 수익은 10억 원입니다. 이런 가구가 3000세대 모여 있으면 재벌 건설업체는 가구당 1억씩만 남겨도 3000억 원의 이익을 챙기게 됩니다.

분양가상한제 없이 재건축·재개발을 진행하면 새로 지은 아파트는 건설사와 조합이 최대한 높인 분양가로 책정 공급됩니다. 새 아파트 분양가는 주변 재건축 추진 단지 아파트 시세에 영향을 주어 재건축을 촉진시키고, 멀쩡한 아파트를 재건축하겠다고 부수고… 악순환이 반복되지요. 선분양제를 허용하면서 분양가상한제, 분양원가 공개가 없는 지금 상황에서는 차라리 정비 사업을 안 하는 게 낫다고 봅니다.

게다가 정비 사업 구역에서 전세 등 임대로 사는 사람들은 어떻게 되나요? 정비 사업이 진행되면 이 사람들은 다른 곳으로 이주하거나, 살던 집에서 내쫓기는 신세가 됩니다. 그렇다고 국가가 이들 서민 세입자를 도와주는 상황도 전혀 아니지요.

## 〈참고〉 한국의 건설 폐기물, 얼마나 심각한가?

환경운동가인 최병성 목사는 조만간 서울을 비롯해 전국에서 쓰레기 대란이 발생할 것은 기정사실이라고 이야기한다. 쓰레기는 쌓여서 산을 이루는데 매립지는 한계가 있기 때문이다.

서울시와 경기도와 인천시가 사용하는 수도권 매립지는 2025년에 수명이 종료된다. 하지만 새로운 매립지를 찾는 것은 쉬운 일이 아니다. 지난 2018년 재활용품 수거업체들이 쓰레기 수거를 거부했던 것보다 훨씬 심각한 쓰레기 대란이 발생하는 것은 시간문제로 보인다.

선량한 시민들은 쓰레기 발생을 줄이려고 노력한다. 생활 속에서 쓰레기를 줄이기 위한 노력은 당연히 필요하다. 발생한 쓰레기를 친환경적으로 재활용한다거나 제대로 처리하는 것은 그다음에 할 일이다. 그런데 수도권 매립지에 반입되는 폐기물 중에 생활 폐기물 비중은 18.9%(2018년 기준)에 불과하다. 폐기물의 절반인 49.78%는 건설 폐기물이고, 30% 정도는 사업장 폐기물이다. 건설 폐기물은 불법 투기 폐기물의 대부분을 차지할 뿐 아니라 쓰레기 매립장의 수명을 단축하는 가장 큰 원인이다. 쓰레기 대란을 막으려면 건설 폐기물을 줄이고 잘 처리하는 것이 관건이다. 그런데 전국에서 유행처럼 진행되는 재건축과 재개발은 건설 폐기물을 다량 발생시킨다.

20~30년마다 아파트를 다시 지으면서 자원이 고갈되는 것도 심각한 문제다. 아파트 같은 콘크리트 건축물을 짓기 위해서는 모래와 자갈이 반드시 필요한데, 국내에는 앞으로 사용 가능한 모래와 자갈이 70년 치밖에 남지 않았다. 그

동안 강바닥에서 모래를 너무 많이 채취한 탓에 강모래는 바닥난 지 오래다. 바닷모래를 채취하면 어장이 훼손된다. 산림 골재 역시 무한하지 않다.

70년 뒤에 건축 재료가 없어진다면 미래에 이 땅에서 살아갈 후손들은 집을 짓고 안정적인 생활을 누리기가 어렵다. 그래서 재건축과 재개발을 남발하는 것은 후대를 위해서도 바람직한 일이 못 된다.

(이상의 내용은 최병성 목사가 2020년에 이상북스에서 펴낸 《일급 경고: 쓰레기 대란이 온다―그 실상과 해법》을 참고하여 정리했다.)


## 공공은 건물만 분양해라 ─────

[ 안진이 ]  재건축·재개발은 지금처럼 하려면 안 하는 게 낫다는 말씀이고요, 앞에서 다뤘습니다만 그린벨트나 신도시를 개발하는 방식에도 문제가 있다는 말씀이지요?

[ 김헌동 ]  우선 23번이나 땜질식 부동산 대책을 내놓고 집값을 잡지 못했는데 갑자기 면피용으로 그린벨트 해제와 행정수도 이전을 거론한 것 자체가 무책임하다고 봅니다. 대통령과 여당은 공급 논의 이전에 3년간 아파트값을 52% 올려놓은 것에 대해 국민에게 사과부터 해야 합니다.

그린벨트 논란은 일단락이 된 것으로 보입니다만, 수도권의 허파 역할을 하는 그린벨트를 더 파괴해서는 안 된다고 생각합니다. 농지로 잘 사용되고 있는 그린벨트에다 아파트를 짓겠다는 것은 전형적인 관료식 발상입니다. 재벌부터 이롭게 하는 거지요. 도시의 허파 역할을 하는 귀중한 그린벨트를 해제해서 70%를 민간에 넘깁니다. 시세 30%의 싼값으로 특정 집단에 팔아넘기는 거예요. 재벌과 건설업자들 이익부터 챙겨주는 행위지요. 지금 집값 폭등 현상이 나타나는 것도 관료들이 이런 짓을 계속하기 때문이에요.

1999년부터 2019년까지 전국적으로 1,560km²의 그린벨트가 해제됐어요. 참여정부에서도 강남 집값을 잡겠다면서 그린벨트를 훼손해가며 판교, 위례, 동탄, 파주, 김포 등에 신도시를 만들었어요. 이른바 2기 신도시입니다. 그렇게 하면 새 아파트 공급이 늘어나서 강남 아파트값이 낮아진다고 했지요. 새 아파트 공급으로 집값이 잡혔나요? 강남 집값은 계속 상승했고, 문재인 정부에서 폭발적으로 올라가고 있습니다. 서민 주거는 더 불안해졌어요. 과천 지식정보타운, 수서 희망타운은 그린벨트에 공공택지 등을 개발해서 공급을 늘렸는데, 집값 잡는 데는 실패하고 공기업과 재벌 민간 건설업자만 폭리를 취하는 장사 수단이 되었지요.

행정수도 이전 역시 서울과 수도권의 집값을 안정시키는 방안이 못 됩니다. 2004년에도 행정수도를 지방으로 이전하면 서울과 수도권의 부동산값이 안정될 것이라면서 행정수도 이전을 추진했고, 공공기관을 전국적으로 기존 도시 옆에 '혁신도시'라는 이름을 붙인 새도시를 만들어 이전시켰습니다. 그러고는 서울의 공공기관이 있던 부지를 재벌이 사들여서 초고층 건물을 짓도록 허가를 해주었지요. 수도권 과밀이 해소된 것이 아니라 더 심해졌고, 수도권 집값과 땅값이 안정된 것이 아니라 더욱 폭등했어요. 정부가 집값을 낮출 의지가 있다면 그린벨트 해제나 행정수도 이전이 아닌 투기 근절 대책부터 내놔야 합니다.

지금 공급 시스템이 완전히 망가져 있어요. 현재 시스템으로 공급을 늘리면 투기꾼이 더 많은 아파트를 사들여 불로소득을 챙길 겁니다. 신도시를 개발하는 방식에도 심각한 문제가 있어요. 지난 30년간 정부는 농민들의 논과 밭, 임야를 헐값으로 수용해 건설업체에 팔아넘겼습니다. 택지 조성도 하지 않은 상태로 아주 싸게 주택업자와 재벌에게만 팔아넘겼어요. 농민에게 강제로 땅을 빼앗는 것이 명분을 가지려면 최소한 그 땅을 민간에 되팔지 말고 공공이 직접 개발해 공공주택으로 조성해 공공이 직접 공급해야 합니다.

신도시에 새로 분양하는 아파트도 기존 아파트 시세의 절반 이하 분양가로 공급해야 해요. 지금 경기도 그린벨트에 추진되는 신도시들은 땅값이 평당 200만 원입니다. 거기다 평당 600만 원짜리 건물을 지으면 800만 원이지요? 공공이 토지를 보유하고 건물만 분양하면 평당 600만 원대 공공주택 또는 장기공공(임대)주택이 가능하지요. 25평 기준으로 토지까지 팔더라도 원가는 2억 원이 안 됩니다. 3기 신도시를 강행하려면 최소한 이런 방식으로 공급 시스템을 개선해야 합니다. 기존의 부패한 방식, 재벌과 토건업자와 공기업만 배를 채우는 방식대로 신도시를 만들어 아파트를 공급하면 집값 안정 효과는커녕 투기를 더 조장할 뿐이에요.

결론적으로 그린벨트를 대규모로 파괴하면서까지 3기 신도시 건설을 무리하게 추진할 필요가 없습니다. 3기 신도시를 만들지 않더라도 정부가 대출과 금융, 공급 시스템부터 바로잡으면 집값이 당장 하향 안정화될 겁니다.

## 반값, 반의반값 아파트가 진짜 가능할까? ───────

**안진이** 반값 수준의 아파트를 공급하게 되면 신규 분양 아파트만 로또가 된다는 반론이 있는데요?

**김헌동** 그렇게 보면 1970년대부터 지금까지 아파트를 분양받은 모든 사람이 로또에 당첨된 셈이에요. 1970년대 잠실 15평 아파트 1채가 500만 원 미만이었습니다. 1980년 개포주공아파트는 13평

1000만 원, 1982년 목동 38평은 4000만 원에 분양했어요. 1986년 아시아선수촌 삼풍아파트 같은 건 35평을 4000만 원 미만에 공공이 분양했어요. 당시 공공과 민간의 아파트 가격 차이는 크지 않았습니다. 현재 기준으로 보면 당시 모두 로또 분양을 받은 셈이지요. 그리고 민간아파트도 1979년 은마아파트 32평을 평당 68만 원, 2100만 원에 분양했어요. 또 1988년까지는 민간도 아파트를 분양하면 평당 135만원, 30평 4000만 원 이하로 분양하도록 가격 상한선이 있었지요. 아파트 분양가는 정부가 정한 분양가(땅값+건축비)를 초과할 수 없었지요. 1989년 이후 원가연동제를 도입해 정부가 제공한 땅값에 정부가 정한 건축비로 분양가를 산정하기 시작했습니다.

1999년 타워팰리스를 평당 900만 원에 분양했습니다. 민간아파트는 강남이 분양가 700만 원임에도 미분양이 50%를 넘었어요. 아파트를 사려고 하지 않았습니다. 그러나 현재 시점에서 보면 공공이든 민간이든 2000년 이전에 아파트를 분양받아 보유한 사람들은 모두 로또 맞은 거지요.

20년, 30년 동안 정부를 믿고 무주택자로 살던 국민이 겨우 아파트 한 채를 분양받으면 전문가라는 사람들이 나서서 그걸 '로또'라고 말하더군요. 이명박 정부 시절 강남과 서초에 평당 900만 원에 분양할 때두 루또라는 표현은 없었습니다. 정부를 믿고 20년 넘게 무주택자로 기다려온 사람에게 돌아가는 기회였기 때문이지요. 그런데 2014년 분양가상한제가 폐지된 이후 청약에 당첨되면 로또가 된다고들 합니다. 이명박 정부 이후 신혼부부 등 특별공급자에게 주어진 기회가 로또라는 용어를 만들어 낸 것이기도 하고요.

노무현 정부 이후 청약제도는 기존 질서가 깨지면서 최초 분양자의 개발이익이 무주택자에서 공기업 또는 건설사로 넘겨졌습니다. 공기업과 건설사가 이익을 다 가져가는 게 맞습니까? 일부 전문가와 정치인은 그런 논리로 공기업과 재벌 건설업자가 폭리를 취하도록 유도했고, 언론은 광고주인 공기업과 건설업자 및 재벌에게 큰 이익이 돌아가도록 조장한 것입니다.

'로또'를 무주택 서민 그리고 국민에게 넘기라는 것이 공기업을 만든 이유고 공공에 3대 권력을 부여한 뜻입니다. 이 나라의 주인인 국민에게 시세 절반 이하 가격에 집을 주라는 겁니다. 20~30년 동안 정부를 믿고 무주택 상태에서 기다린 사람들에게 정해진 순서대로 주는 것. 과거에 그렇게 해왔어요. 그런데 지금은 왜 안 해요? 예전에는 다 로또였어요. 지금은 로또를 못 얻게 하는 이유가 뭡니까?

1980년대에 전두환 정권이 분양원가에 맞춰 강남 개포동에 13평짜리 아파트를 900만 원에 분양했어요. 그게 지금 20억 원에 거래됩니다. 40년 동안 해오던 방식인데 노무현, 문재인 두 정부는 안 했습니다. 왜 요즘 젊은 무주택자들은 그렇게 분양받으면 안 되나요? 그게 로또라고 치면 기성세대는 로또를 한 번씩은 맞았는데. 요즘 기성세대는 젊은 사람들 기회를 박탈하고 자기 자식에게만 슬그머니 증여하고 있어요.

문재인 정부 출범하고 나서 불과 3년 사이에 기존 주택 100만 채 정도를 투기꾼이 사재기했어요. 왜? 시세의 30%에 팔 수 있는 것을 80%에 팔았으니까요. 시세 차익은 건설업자와 공기업이 받아갔어요. 한 단지가 1,000가구면 차익 3000억을 건설업자가 가져갑니다. 개인이 3억 싸게 사면 로또라고 하면서 건설업자와 재벌에게 3000억을 몰아줍니다. 1년에 수십만 채가 이런 식으로 분양됩니다. 왜 공기업과 재벌과 건설업체만 대박이 나야 하나요? 국민 소유의 그린벨트를 파괴하여 왜 재벌만 돈을 벌게 해줍니까?

지금 과천 지식정보타운에 가면 분양가가 평당 2400만 원 정도입니다. 300만 원짜리 땅에다 600만 원에 건물을 짓는데 공기업이 건설업자, 즉 택지 공동 개발자에게 땅을 넘겼기 때문에 시민들에게 2400만 원에 분양합니다. 그런데도 주변 아파트가 평당 3500만 원이니 로또라고 해요. 개인이 2~3억을 번다 치면 건설업자는 2억짜리를 7억에 팔아서 5억을 남깁니다. 1,000가구면 5000억씩 남는 장사지요. 공기업이 1,000가구 분양하면 3000억 원의 차익이 생기고, 재벌과 민간 건설업자가 공공택지를 받으면 5000억 원을 법니다.

로또 이야기를 만들어낸 사람들이나 과거에 분양가상한제를 없애버렸던 국회의원들 그리고 부동산 전문가를 자처하는 사람들은 자꾸 공공주택을 시장원리로 풀라고 합니다. 신도시 개발 등 공권력을 동원하는 주거 정책을 시장원리로 접근해서는 안 됩니다.

그리고 신도시와 공공택지 등에서 반값, 반의반값 아파트가 계속 쏟아져 나오면 로또가 되지 않습니다.

안진이 네, 제가 로또 아니냐고 질문했던 것은 반값 이하 공급 주택의 물량이 적으면 운 좋은 소수에게만 혜택이 돌아가고 전체 시장에는 영향을 못 미칠 수도 있지 않느냐는 뜻이었습니다. 아파트가 공산품도 아닌데, 계속 나온다는 게 가능한가요?

김헌동 가능합니다. 노태우는 1기 신도시로 200만 호를 신규 공급했고, 노무현은 2기 신도시로 150만 호. 문재인은 3기로 또 30만 호를 공급한다는 계획이잖아요. 이명박은 보금자리 250만 호를 공급하겠다고 했고 공공택지에 소규모 신도시가 많이 개발되었지요.

서울과 수도권에는 아직 아파트 등을 지을 땅이 상대적으로 많은 편이에요. 법과 제도를 소비자 중심으로 단단하게 정비해서 단기간에 제대로 공급을 하려고 한다면 정부가 수용해서 분양할 만한 곳들이 있습니다. 서울 강남의 옛 서울의료원 땅이라든가, 도곡동 구룡

마을, 용산 미군기지와 용산 철도정비창 부지, 불광동의 질병관리본부 토지도 있어요. 그런 곳에 우선 반값 아파트를 분양하면 됩니다. 또 서울 시내 각 역세권 토지를 서울시가 수용해서 용도를 변경하여 고층 빌딩을 건설하여 10층 이상 상층부는 토지임대부 아파트를 분양해주고 사무실과 상가는 공공이 직접 임대하면 됩니다. 교통 좋은 데다 50층짜리 고층 빌딩을 건설하고 주거 공간 20평을 1억에 분양하면 어떨까요?

싱가포르나 홍콩 같은 나라는 땅이 좁아서 아파트를 더 짓기 어렵지요. 뉴욕 맨해튼도 이미 50층, 70층, 100층짜리가 있어서 더 지을 곳이 많지 않습니다. 그에 비하면 우리는 여건이 괜찮습니다. 서민들의 내 집 마련이라는 꿈을 실현하기에 충분한 환경과 조건을 갖췄어요. 정치인만 제대로 선출하고 그들이 국민과 국가를 위해 제대로 일을 하도록 철저하게 감시하면 주택 문제를 쉽게 해결할 수 있습니다. 그런데 그걸 우리가 아직 똑바로 못하고 있지요.

서울과 경기도의 많은 땅이 지금도 싼값에 재벌에 제공됩니다. 생각해보세요. 공기업이 이전한 부지에 공공이 직접 빌딩을 짓고 집을 지어서 팔거나 임대를 하면 되지, 왜 그걸 재벌한테 넘겨서 그들을 부동산 개발업자, 임대업자로 만듭니까?

5.7대책, 8.4대책에 포함된 용산 정비창 부지도 마찬가지예요. 확보된 땅이 있는데 그걸 재벌에게 주겠다는 거잖아요. 왜 공공이 나

서서 땅을 건설업자와 재벌에게 줍니까? 나라가 보유한 땅을 왜 국민을 위해 사용할 생각을 하지 않나, 질문을 던져야 해요.

이제 솔직하게 말해야 합니다. 모든 특권이 재벌에게 주어진 것은, 공기업을 앞세워 장사를 시작한 노무현 정부 때부터입니다. 이명박 정부도 아니고, 박근혜 정부도 아니고, 이른바 진보 정권이라는 참여정부에서 대통령이 했던 일입니다. 박정희, 전두환, 노태우, 김영삼 정권도 이렇게까지 재벌에게 특혜를 퍼주지는 않았어요. 노태우 정부만 해도 비업무용 토지 강제 매각 조치 등을 취해 재벌이 부동산을 팔도록 만들었어요.

지금은 재벌에게 0.7%라는 낮은 세율을 적용하면서 개인에게는 그보다 높은 3%, 최고 6% 세율을 적용합니다. 세제도 뒤집혔고 공급 시스템도 뒤집혔어요. 노무현 정부 이후 정책의 우선순위는 모든 게 재벌한테 몰아주기입니다. 과거에는 재벌들이 정권에 꼼짝 못 했어요. 그런데 노무현, 문재인 정부는 재벌들이 가지고 놀아요. 틈만 나면 대통령이 재벌 총수를 찾아가서 일자리 만들어달라, 같이 사진 찍자, 밥 먹자…. 무슨 개혁 정부가 젊은 재벌 총수들에게 잘 보이려고 찾아다니기 바쁩니까? 능력이 없고 국민을 위한 정치를 할 준비가 되지 않은 상태로 집권해서 그런 게 아닐까요? 그들은 재벌과 관료에게 의존하려고 했던 것 같습니다. 개발독재 관료에 의존하는 그 자체가 잘못된 겁니다. 대통령이 비굴해 보이게 저자세를 취하니까

총리, 장관도 재벌에게 잘 보이려고 해요. 국민에게 잘 보이려고 해야지요. 왜 재벌 2세, 3세에게 가서 사진을 찍습니까?

(안진이) 재벌에 관한 말씀들이 속 시원하네요. 원래 하던 이야기로 돌아가서 반값 이하의 아파트가 계속 나올 수 있다고 가정하고, 건물만 분양하는 방식과 기존처럼 토지와 건물을 같이 분양하는 방식 중 어느 쪽이 나을까요?

## 반값 새 아파트가 계속 공급되면 다주택자의 버티기도 불가능하다 ──

(김현동) 장기적으로 집값이 오를 우려가 있다고 본다면 건물만 분양하는 것이 좋습니다. 토지를 국가 또는 공공이 가지고 있으면 상대적으로 덜 오르니까요. 과거 1970년대와 1980년대에 강남 등 신도시를 개발할 때 만약 건물만 팔았다면 지금 국가가 어마어마한 부자가 됐을 겁니다. 그동안 땅값이 많이 올랐으니까요. 과거에 정권이 건물만 분양했다면 재개발·재건축을 모두 국가 주도로 할 수 있었겠지요. 국가 땅이니까요. 강남 개발할 때부터 지금까지 다 건물만 분양했으면 거품이 이렇게 커지지 않았을 것입니다. 참 좋았겠지요.

지금 국민연금이 수백조가 있고 시중에 돈이 넘치는데 국가는 그걸로 땅 사들여서 용도를 변경해 개발하면 됩니다. 대도시의 역세권 등에서 건물만 분양받는 아파트를 확대 적용시켜 자리 잡도록 해야 합니다. 유럽에서는 건물만 분양하는 아파트가 전체의 40%를 웃돕니다. 사회주의를 표방하는 중국에서는 원칙적으로 토지를 뺀 건물만 분양합니다. 자본주의의 본류라는 미국 뉴욕 맨해튼 등에서도 건물만 분양하는 방식이 성행합니다.

서여의도 금융가에 건축된 국제금융센터IFC가 건물만 분양한 방식입니다. IFC는 서울시 소유의 토지에 건물만 99년 동안 임대했습니다. 이처럼 건물만 분양한다든지, 또는 과거 1970~80년대에 했던 것처럼 주변 시세의 절반 이하 낮은 분양가로 공공이 주도하여 아파트를 공공 분양하면 됩니다.

분양원가를 투명하게 공개하면서 정부와 대통령이 집값을 안정시키겠다는 의지를 확고하게 밝히기만 해도 효과가 나타납니다. 당장 후분양제를 선언만 해도 됩니다. 대통령이 완공 후 분양 도입을 선언하면 집값이 안정됩니다. 다시 말하지만, 대통령과 정부의 의지가 확고하면 부동산 가격은 안정됩니다.

대통령과 서울시장, 경기도지사 등은 다른 나라 대통령과 시장이 보유하지 않은 막강한 권력을 가지고 있습니다. 그 권력을 국민만을 위해 사용하면 됩니다. 우리나라 대통령만이 지휘할 수 있는 공기업이 막강한 위임 권력을 가지고 있다는 것이 가장 중요해요. 3대 권력.

무능한 정부가 부패한 관료와 손발이 맞아 이 권력을 엉뚱한 데 쓰면 거품이 발생합니다. 암이 생겨요.

안진이 ▷ 다주택자가 그래도 버티기를 하면 어떻게 됩니까?

김현동 ▷ 시세의 반값에 새 아파트가 계속 분양됩니다. '민간이 분양하는 아파트는 정부가 분양하는 아파트의 두 배가 넘는 가격이다.' 이렇게 되면 아무도 민간 분양을 받지 않습니다. 이명박, 박근혜 정부 때는 사람들이 집을 사러 다니지 않았어요. 노무현 정부 때 분양받은 아파트와 샀던 집 가격이 모두 반토막 나서 큰 손해를 봤단 말이에요. 그런데 요즘은 사람들이 어떻게 합니까? 집을 싹쓸이하러 다니고 있잖아요.

반값 아파트가 계속 공급되는데도 집을 여러 채 사서 계속 보유하는 사람은 손해를 보겠지요. 못 버티는 사람은 매물을 내놓을 것이고요. 청약이 안 되는 사람들은 그걸 사면 됩니다.

안진이 ▷ 그렇게 되면 정말 좋겠네요. 그런데 어떤 제도를 도입하더라도 서울과 수도권은 무조건 집값이 오를 수밖에 없다는 주장도 있습니다. 어떻게 보시는지요?

**김헌동** 절대 그렇지 않아요! 2007년 말에 분양가상한제를 도입했기 때문에, 이명박 정부 5년 내내 아파트가 100만 호 넘게 안 팔렸습니다. 전국적으로는 200만 호 미분양이었어요. 원래 15억 원에 거래되던 서울 강남 아파트가 8억, 9억 원까지 떨어졌어요. 엄연한 사실입니다.

국민을 위한 대책을 사용하면 서울과 수도권도 얼마든지 집값을 떨어뜨릴 수 있어요. 중요한 것은 '집을 여러 채 사면 집값이 하락해서 손해가 난다'라는 메시지를 확실히 전달하는 겁니다. 그래야 부동산 투기를 잡아요. 오세훈과 이명박이 해냈고, 박근혜 정부 2년 동안 집값이 하락했습니다. 얼마든지 가능하지요.

주택 공급은 이미 충분합니다. 현재 서울에 유입되는 인구보다 서울 밖으로 나가는 인구가 더 많습니다. 1인용 오피스텔이나 원룸처럼 통계상 주택으로 잡히지 않는 주택까지도 계속해서 늘어나고 있습니다.


**무주택자, 전월세 세입자, 청년부터 제대로 챙겨라** ────────


**안진이** 그렇군요! 저도 통계를 확인해봐야겠네요. 다음으로는 조금 다른 측면에서 질문드릴게요. 지난 3년간 폭등한 가격에 실거주용 주택을 구매한 사람들이 있잖아요. 처음에는 정부를 믿고 기다렸는데 정책이 반대로 가니까 신뢰를 잃어버리고 거액의 대출을 받아 집을 샀어요. 청약을 기다리기 어려운 30대가 많이 그렇게 했다고 합니다. 그런데 갑자기 반값 아파트가 나오면 그런 사람은 난처해지지 않을까요?

**김헌동** 작년에 아파트를 비싸게 구매한 1% 정도의 사람들이 있다고 해서 앞으로 집값을 계속 올리자고 할 수는 없습니다. 당장 내일부터라도 비정상을 정상화해야지요. 그런 걱정 때문에 정부가 3년 동안 비정상적으로 폭등시킨 집값을 앞으로도 유지하자? 그건 말이 안 됩니다. 99% 국민이 오랫동안 고통을 받도록 방치해선 안 됩니다. 국민 세금으로 그들의 손해를 메워줄 수도 없는 일입니다. 20~30년 동안 전세살이를 하면서 더 큰 손해를 보고 무주택의 고통을 겪은 사람들이 있는데 그것은 어떻게 메워줍니까?

'영끌'을 해서 집을 산 청년이 2%라면, 그렇게 못 한 사람이 98%입니다. 3년 전에 정부 말 듣고 집을 판 사람도 있어요. 만약 돈을 빌려서 집을 샀다면 잠시 기분이 좋았다 마는 겁니다. 그래도 대출을 동원해서라도 집을 장만했다는 위안을 받았잖아요. 나중에 집값이 하락한다고 해서 그것을 국가가 어떻게 보상합니까? 몇몇 사람이 손해 보더라도 집값을 정상화하는 방향으로 가야지요. 그런 사람들이 얼마 있다고 해서 공기업과 재벌 건설사가 폭리를 취하도록 계속 놓아둘 수는 없습니다.

물론 사태에 대해 대통령의 사과는 필요하겠지요. '미안합니다. 내가 비정상적으로 당신에게 손해를 끼쳤습니다'라고 해야지요. 그래도 억울하면 대통령에게 더 따지든지, 손해배상 청구를 하든지 할 수는 있겠지요. 하지만 지금까지 집값이 올라서 수많은 서민이 느꼈던 박탈감과 절망감은 무엇으로 보상해줍니까?

국가는 더 많은 사람을 정상적인 방향으로 끌고 가야 하는 거예요. 만약 무리한 대출을 받았으면 빨리 갚아야지요. 집값이 하락할 것 같으면 빨리 판단을 해야 하고요.

사실 과거에도 그런 피해를 본 사람이 많았습니다. 참여정부 임기 말 용인 30평형 아파트를 5.5억 원에 샀는데, 이명박 정부 때 입주하려고 보니 2.5억 원으로 떨어져 있었어요. 그걸 국가가 배상해줬나요? 아니지요. 그때 대출 끼고 집을 산 하우스푸어가 문제라고 떠들었는데, 사실 하우스푸어는 집값 하락을 막기 위해 내세우는 말입니다. 무주택자를 위한 정책도 제대로 내놓지 못하는 정부에, 집을 샀다가 손해 본 사람에 대한 대책을 요구하는 것이 맞나요? 집은 사람이 살기 위해 필요한 것입니다. 자산 증식을 위해 집을 사재기하는 것 자체가 잘못입니다.

참, 그런데 조금 전에 말한 용인 30평형 아파트는 문재인 정부에서 값을 올려놓았어요. 노무현 정부 수준으로 다시 올라갔습니다.

**안진이**  청년 세대가 '이번 생은 망했다'라고 이야기하는 것이 가장 가슴 아픈 일입니다. 청년을 위한 바람직한 주거 정책은 어떤 것이 있을까요?

**김헌동**  열심히 일해서 내 집을 마련할 수 없는 상황이 되자 정부는 '청년을 위한 주택', '신혼부부를 위한 주택' 같은 정책을 경쟁적으로 내놓았습니다. 이명박 전 대통령도, 박원순 서울시장도 공약을 내놓았어요. 당선 이후 이런 사업을 부분적으로 시행했지요. 연애, 결혼, 출산을 포기했다는 3포 세대를 위해 뭔가 한다는 인상을 주려고 했지요. 그런데 이런 정책은 실제로는 청년이나 신혼 무주택자를 위한 것이 아닙니다.

문재인 정부는 얼마 전인 2018년 12월, 위례 신도시에 '신혼희망타운'을 분양했습니다. 이곳도 평당 분양가가 1800만 원입니다. 20평이면 3억 6000만 원이고, 30평형이면 5억 4000만 원입니다. 서울 수서 역세권 신혼희망타운은 분양가가 2400만 원 수준이었어요. 수서 역세권 개발 같은 경우 토지 조성 원가는 공개되지 않았지만, 경실련이 추정을 해봤더니 평당 1200만 원입니다. 적정 분양가보다 2배 비싼 2400만 원에 분양한 거예요. 정부가 신혼을 위해 저렴

하다며 내놓은 주택 가격이 4~5억 원이 넘으면, 이게 과연 국민 눈높이에 맞는 건가요?

이명박 정부가 2012년에 분양한 강남 수서와 자곡동은 500m 거리입니다. 당시 서울시는 평당 1300만 원에 분양했고, LH공사는 평당 970만 원에서 1050만 원에 분양했습니다. 분양원가를 상세히 공개하면 강남에서도 1300만 원에 분양 가능합니다. 그런데 문재인 정부에서는 서민 주거 안정을 위한다면서 공기업이 땅장사만 하고 있어요. 이게 촛불로 등장한 정부 맞나 의구심이 들 수밖에 없습니다.

서울시가 2015년 이후 추진 중인 '역세권 2030 청년주택'도 건물주와 건설업자에게 특혜를 주는 정책입니다. 공공임대 확대라는 명분을 내세워 종상향 특혜(일반주거지역을 준주거지역으로), 용적률 완화 특혜, 기금 지원과 세제 특혜를 제공했어요. 쉽게 말하면 역세권의 3층 건물을 30층까지 신축 가능하도록 특혜를 부여했지요. 개발이익이 10배 이상 발생할 것입니다. 그대신 이렇게 건설되는 주택들 가운데 20% 정도를 건물 준공 후 일정 기간 주변 시세의 80% 정도에서 임대하도록 유도한다는 정책이에요. 결과는 어떻지요? 공공임대는 10~20%에 불과하고 주변 집값만 올려놓았어요. 민간 건설업자는 수백억, 수천억의 이익을 챙겼습니다. 반면 청년은 오른 주변 시세의 80% 월세를 내고 살아야 합니다. 실제로 얼마나 도움이 될

김현동의 부동산 대폭로, 누가 집값을 끌어올렸나

까요?

복잡하게 빙빙 돌 필요 없이 서울시가 자체적으로 토지를 확보해서 직접 공급하면 간단히 해결될 일입니다. 서울시가 직접 30층, 50층짜리 건물을 올린 다음 분양하면 제한적이긴 하겠지만 집값 안정 효과가 있을 겁니다. 그러나 이런 시민을 위한 정책은 눈에 띄지 않습니다. 청년과 저소득층, 사회적 약자를 위한 제대로 된 주택정책은 현재 찾아보기 힘들어요.

## 청약제도, 50대 무주택자에게 우선권을 ————————

안진이 지금의 청약제도도 손볼 필요가 있겠지요?

김헌동 청약은 무주택자와 사회적 약자에게만 일단 기회를 주는 것이 맞습니다. 정부를 믿고 오래 기다린 사람에게 먼저 줘야 할까요, 아니면 신혼부부에게 먼저 줘야 할까요? 50대 무주택자들은 20~30년 동안 무능하다는 소리를 들으며 버틴 사람들입니다. 이들에게 우선권을 줘야지요. 지금 신혼부부, 생애최초 특별공급 등의 정책은 바람직하다고 볼 수 없습니다. 신접살림을 차리는 신혼부부에게 희망을 주는 정책을 내세우려면, 오랫동안 집 없이 살아온 구혼부부를 위해서도 뭔가 있어야 마땅합니다. 모든 저소득층 무주택자에게 희망을 줘야 하는데, 문재인 정부는 어떤 계층에게는 희망을 줄지 몰라도 다른 계층에는 절망과 분노를 안기는 정책을 부주의하게 쓰고 있어요. 집 없는 가난한 중년과 기성세대는 분하고 억울한 노릇이지요. 정부의 정책 우선순위에서 부자 부모를 둔 신혼부부에게 밀려났으니까요. 요즘 정부 정책은 고위 공무원의 자녀를 위한 것 아닐까요?

무주택 중장년층을 위한 정책은 과거의 것들을 계승하면 충분합니다. 옛 주택청약제도의 기본 틀을 유지하자는 뜻입니다. 과거에는 그린벨트 혹은 임야에 새로운 집들을 신축할 때는 주변 집값 시세의 절반에 주택을 공급하도록 유도했습니다. 오랫동안 무주택자로 지내온 국민에게 우선권을 제공했지요. 국민이라면 평생 살면서 최소 한 번 정도는 새 아파트를 싼값에 분양받을 기회를 부여받았습니다. 하지만 아파트 청약제도가 현재는 유명무실해졌습니다.

인내심을 갖고 기다리면 주변 시세의 절반 가격에 번듯한 내 집을 마련할 수 있다는 확신과 희망을 돌려줘야 합니다. 그래야 청년에게도, 중장년 세대에게도 희망이 살아납니다. 이명박 정부 때도 건물만 분양받거나, 분양 대금을 10년에 걸쳐 분할 납입할 수 있는 제도를 도입했어요. 입주 희망자가 아파트에 들어가고는 싶은데 돈이 모자라면 10년 동안 갚아 나가라고 했습니다. 국가가 이런 제도로 무주택 서민에게 편의를 제공해야 합니다.


## 집값을 잡아야 전월세도 잡힌다 ─────────

안진이 올해 들어 전월세도 무섭게 상승하고 있어요. 세입자들은 하루하루를 불안 속에서 보내고 있습니다. 세입자를 위한 정책으로는 어떤 것이 더 필요할까요?

**김현동** 전월세가 상승 원인은 박근혜 정부부터 문재인 정부까지 지난 4년간 60% 가까이 오른 집값입니다. 집값이 3~4년 연속 상승하면 임대료 상승으로 이어집니다. 그래서 가장 중요한 건 집값을 낮추는 겁니다. 그래야 시장에 물량이 나오고, 집 없는 절반의 국민이 집을 살 수 있습니다.

일단 전월세 등 임대는 등록제(신고제)를 도입해서 어느 집이 어느 가격에 임대되는지 다 공개해야 합니다. 시장을 투명하고 공정하게 한 다음에 전월세(임대료)상한제를 해야 실효성이 있겠지요. 사실 임차인들에게 가장 큰 피해를 주는 게 바로 보증금 사고입니다. 지금은 임대보증금 보호 제도가 금액이 너무 적고 한계가 많아요. 전세계약을 할 때 임대인이 반드시 보증보험에 가입하게 하는 제도를 도

(단위: 억 원)

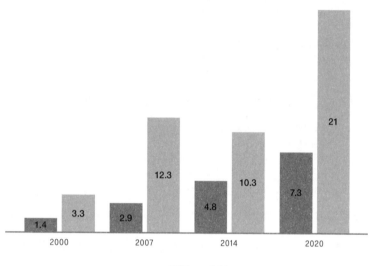

21

12.3

10.3

7.3

1.4    3.3    2.9    4.8

2000        2007        2014        2020

■ 전세가   ■ 매매가

입해야 합니다. 보험(보증)료도 임대인이 부담해야 하고요. 전세는 남의 돈을 사적으로 빌리는 것입니다. 당연히 사용자가 보증보험에 가입해야지요. 그렇게 해서 세입자가 돈을 떼일 염려가 전혀 없게 될 때 집주인과 대등한 관계가 될 수 있습니다. (지난 8월 임대차 3법이 국회를 통과했지만, 전월세상한제와 계약갱신청구권의 토대가 되는 전월세신고제는 곧바로 시행되지 않았다. 정부와 여당이 시스템 구축 등의 이유로 2021년 6월 1일부터로 시행 시기를 늦췄기 때문이다. 정부는 7.10대책으로 등록 임대사업자에 한해 임대보증보험 가입을 의무화했다. 신규 등록 임대사업자는 올해 8월 18일부터, 기존 등록 임대사업자의 경우는 내년 8월 18일부터 임대보증보험에 가입해야 한다. 보험료는 임대인이 75%, 임차인이 25%를 부담하라는 것이 정부의 방침이다. 임대인이 등록 임대사업자가 아닌 경우 보증보험 가입은 의무가 아니며, 이때 임차인이 보증보험 가입을 원할 경우 보험료를 100% 부담해야 한다.—대담자 주)

집을 빌려서 사용해주는 고마운 사람에게 왜 갑질을 합니까? 집을 세놓아야 하는 입장에서는 누군가 살아주는 게 고맙지요. 그러니 살고 싶을 때까지, 이사를 원할 때까지 살 권리를 주고 보증금과 월세도 연간 2% 미만, 물가상승률 정도만 올려 받도록 하자는 겁니다. 그러면 임대인들이 집을 가지고 있는 것이 골치가 아프고 고통스럽겠지요? 그러면 집을 무리하게 사재기하지 않을 겁니다. 가지고 있던 것도 팔게 됩니다. 집값이 크게 올라가지 않으면 전세가도 오르지 않습니다. 지금은 정부가 집값을 올려놓았기 때문에 전월세가 따라 오르는 거지요.

전세는 옛날 관치금융과 고금리 정책 아래 서민들이 목돈을 마련하기 어려웠던 시절에 생겼지요. 전세 물량이 줄어드는 건 바람직한 현상이긴 합니다. 현재의 전세는 투기꾼과 건설업자에게 좋은 제도입니다. 젊은 사람은 목돈이 없어 전세금 마련이 힘들어요. 결혼 저령기 청춘들이 동거하려는데, 연인과 함께 살 공간이 없으니 얼마나 슬픕니까? 부모에게 돈을 증여받아 전세금을 마련하는 것도 선진국에는 없는 일입니다. 갭투자를 하는 투기꾼을 제외하면 전세는 아무에게도 도움이 되지 않아요. 궁극적으로 전세 제도는 없어져야 합니다.

전세자금대출도 없어져야 한다고 생각합니다. 돈을 담보로 대출을 해주는 제도지요. 전세자금대출은 이명박과 박근혜 때 생겼어요. 왜? 노무현 정부 때 집값을 잔뜩 올려놓아서 그렇습니다. 4억짜리 집이 13억이 되니까 전세가도 2억에서 5억, 7억까지 올라갔습니다. 문재인 정부에서도 마찬가지 일이 일어나고 있습니다. 아파트값이 8억에서 15억으로 오르니까 그 여파로 8억일 때 5억이던 전세가는 만기 2년이 지나면서 8억, 10억으로 따라 올랐어요. 건물주는 전세를 주변 시세대로 올려 받으려 합니다. 정부가 정책을 잘못 써서 집값이 올라가고, 전셋값도 올라가고, 사람들이 대출을 받게 만들고… 국민에게 고통을 주는 악순환이에요.

**〈참고〉 세입자를 위한 김헌동의 3가지 제안**

### 제안 1. 전세보증금 의무보증제도

전세 세입자의 가장 큰 걱정은 보증금을 무사히 돌려받지 못할 가능성이다. 김헌동 본부장은 전세보증금을 100% 안전하게 돌려받을 수 있도록 집주인 부담으로 보증서를 의무 발급받도록 하는 제도, 즉 의무보증제를 시행할 것을 주장한다. 또 보증 비용도 전액 임대인이 부담하도록 해야 한다고 주장한다.

## 제안 2. 주거지원금(바우처) 2배 상향 및 대상 확대

서울 집값이 크게 올랐기 때문에 전세보증금과 월세도 급격히 오르고 있다. 보증금 1000만 원과 월세 100만 원을 마련하지 못하고 힘들어하는 사람이 많다. 서민의 월세를 보조금 형식으로 지원하는 정책이 시급하다. 그런데 현행 주거급여제도는 선정 기준(가구 소득인정액이 기준 중위소득의 45% 이하)이 지나치게 까다롭고 보장 수준도 낮다. 김헌동 본부장은 "정부가 주거급여로는 연간 1.5조 원을 쓰면서 도시재생 뉴딜이라는 이름으로 이미 집 가진 사람들의 집을 고쳐 주는 사업에는 매년 10조 원을 투입한다"라고 날카롭게 비판한다(2020년 기준으로 정부의 연간 주거급여 지원 예산은 1조 5910억 원이다. 2019년의 경우 1조 3853억 원이었다—대담자 주).

## 제안 3. 백년주택·백년가게법 제정

김헌동 본부장은 임차인이 원하는 대로 거주할 수 있게 하는 백년주택·백년가게법 제정을 요구한다. 일본의 경우 차지차가법으로 주택이나 건물에 세든 임차인의 권리를 보장하고 있다. 차지차가법에서는 임차인을 사회적 약자로 보고, 정당한 사유 없이는 계약 기간 만료 후에도 강제로 쫓아낼 수 없도록 한다. 우리도 법을 제대로 만들어서 임차인이 생존권을 빼앗기고 거리로 내몰리는 일이 발생하지 않도록 해야 한다.

## 〈참고〉 다시 들여다보는 성북구 네 모녀 사건

2019년 11월 2일, 성북동의 한 다세대주택에서 네 모녀가 숨진 채로 경찰과 소방 당국에 발견됐다. 어머니는 70대였고 세 딸은 40대였다. 경찰이 출동했을 때 네 사람의 시신은 많이 부패한 상태였고, 다른 방에서 "그동안 힘들었다, 죄송하다, 하늘나라에 간다"는 취지의 고백이 빼곡이 적힌 A4 용지 2장 분량의 자필 유서가 발견됐다. 한 달 가까이 시간이 흐르는 동안 가족, 친지, 이웃 주민 누구도 이들의 죽음을 알지 못했다고 추정된다. 건물 보수를 위해 리모델링 업체 관계자가 찾아왔다가 응답이 없고 이상한 냄새가 나서 경찰에 신고해 시신이 발견됐다.

네 모녀가 살던 곳은 (소위 빈곤층 밀집 지역이 아닌) 평범한 주택가였다. 이들은 기초생활수급자가 아니었고 70대 어머니는 기초노령연금만 받고 있었다. 네 모녀는 2016년부터 해당 다세대주택에 거주했다. 14평 크기에 방이 2개였고, 사망 직전 2~3개월 동안 월세를 내지 못했다.

두 딸은 2013년경부터 동소문동에서 주얼리 판매업을 했지만, 장사가 잘되지는 않았다고 한다. 자매의 한 지인은 "수개월 월세를 내지 못하다가 결국 보증금까지 잃고 3년여 만에 가게를 접었다"고 말했다. 자매는 2016년부터 매장을 정리하고 온라인 쇼핑몰을 열어 목걸이, 팔찌, 귀걸이 등을 판매했다. 쇼핑몰은 2019년 7월부터 운영이 잠정 중단됐는데, 대략 이 시점부터 월세가 밀리기 시작했다.

네 모녀의 시신 발견 당시 집 우편함에는 은행, 카드사, 신용정보회사 등에서 보낸 고지서와 채무이행 통지서가 20통 가까이 쌓여 있었다. 어머니와 둘째 딸은 월 건강보험료가 최저 수준인 13,100원 정도로 소득과 재산이 거의 없는 국민건강보험 지역가입자였다. 그런데 그 보험료마저 체납된 상태였다. 셋째 딸이 운영하던 쇼핑몰도 7월부터 3개월분의 건강보험료를 내지 못했다. 쇼핑몰 앞으로 밀린 건강보험료가 약 83만 원, 어머니와 둘째 딸의 건강보험료 체납액은 31,000원이었다. 정황으로 미뤄볼 때 네 모녀는 주된 생계 수단이었던 쇼핑몰 일이 잘 풀리지 않으면서 2~3개월 사이에 큰 빚을 졌던 것 같다.

급격한 생활고에 빠졌는데도 정부의 지원을 받지 못했고 주변에 도움을 청하지도 못했던 가족은 원통한 죽음을 맞았다. 네 사람의 장례는 지자체가 무연고로 치렀고, 시신은 화장됐다. 이 사건은 빈곤과 양극화, 좋은 일자리 부족, 복지 사각지대, 공동체 파괴 등 우리 사회의 여러 문제를 한꺼번에 보여준다.

일가족이 생계에 어려움을 겪다가 극단적인 선택을 하는 사건이 끊임없이 발생한다. 이 모든 죽음이 비싼 집값과 임대료 때문이라고 말한다면 비약이겠지만, 열심히 살아보려던 사람들을 절망의 나락에서 헤어 나오지 못하게 만드는 요인 하나가 주거비라는 것을 부인하기는 어렵다.

성북구 네 모녀는 월세로 얼마를 내고 있었을까? 언론 보도에 따르면 네 모녀가 살던 다세대주택은 보증금 3000만 원에 월세 100만 원이었다. 빠듯하게 살아가는 사람들에게 월 100만 원은 작은 돈이 아니다. 만약 이들이 자기 집을 가지고 있었더라면 어땠을까? 아니면 이들이 주거지원금을 받아 월세를 해결할 수 있었다면 어땠을까? "죄송하다"면서 떠난 네 모녀에게, 국가가 더 죄송해해야 하는 상황 아닐까?

## 특혜 대출을 없애고 3주택 이상 대출은 조속히 회수해야 —————

안진이 ▷ 네. 제 개인적인 경험에 비춰 보아도 전세자금대출은 임차인을 위한 것이 아닌 듯합니다. 오히려 폐해가 많다는 생각이 드네요. 세제, 금융, 공급의 시스템 개혁이 필요하다고 언급하셨는데, 주택 관련 금융의 개혁 방안에 관해 말씀해주시지요.

김현동 ▷ 한국에는 부동산을 담보로 돈을 빌려주는 관행이 정석처럼 자리 잡고 있습니다. 부동산 투기를 정부가 부추기는 꼴입니다. 2000년 이전 주택 대출은 주택은행을 통해 최고 3000만 원, 일반적으로 1500만 원 정도를 30년 원리금 분할 상환하는 방식으로만 이루어졌습니다. 그런데 2000년 이후 주택 또는 분양권 담보대출이라는 낡은 제도가 도입된 것입니다. 그래서 지금 주택담보대출 시스템이 심각하게 고장 난 것이지요.

짓지도 않은 아파트를 분양하면서 은행은 분양받은 사람들의 신용과 토지 등을 담보 가치로 평가해서 거액을 대출해줍니다. 이때 돈을 건설업자에게 한꺼번에 넘겨줍니다. 공급자인 건설업체를 위해

도입된 '집단대출' 제도입니다. 시민을 담보로 하는 것이라 말할 수 있지요. 짓지도 않은 아파트를 분양받은 개인에게 계약금, 중도금 등 분양가의 60% 이상을 대출해주고, 이 돈은 전액 건설업체에 넘겨집니다. 건설업자는 자기 돈 없이 토지 대금과 공사 대금 등을 분양자 보증으로 은행에서 조달받아 사용하는 겁니다. 은행은 부실한 건설업자가 아닌 안전한 개인을 담보로 돈을 빌려주고 높은 금리를 챙기게되지요. 리스크가 사라집니다. 여기에 공기업인 한국주택금융공사가 건설업자를 보증하는 특혜가 주어집니다.

아파트를 분양받은 사람은 돈이 부족할 경우 잔금으로 전세보증금을 활용합니다. 분양권 거래도 합법적으로 이뤄집니다. 딱지 거래를 허용해서 합법적으로 입주 시점까지 약 3년 동안 여러 차례 반복해서 거래가 발생합니다. 정부가 투기를 조장하여 아파트 분양률을 높여주기 위해 도입했고 눈 감아주는 제도입니다. 정부와 관료가 재벌과 건설업자를 위해 인위적으로 건설 경기를 부양시키고 투기를 자극하는 정책이 집값을 폭등시킵니다.

이런 걸 없애려면 선분양을 없애고 후분양제를 의무화해야 합니다. 최소 75% 아파트 골조(철근콘크리트 구조체 완성과 일부 내부 필수 마감재 완성)를 완성한 후에 분양을 허용해야 합니다. 10억 미만 주택의 50% 수준은 비소구대출(대출자의 상환 책임을 담보물로 한정하고 추가 부담을 지우지 않음)로 5억 수준을 보장해야지요. 청년과 서민이 소유하는 주택 한 채는 비소구대출로 해야 합니다.

현재 주택담보대출은 재벌과 건설회사에 일방적으로 유리합니다. 이제 부당한 특혜 대출 금액은 조속히 회수해야 합니다. 아파트 건설 단계에서 주택담보대출은 주택 공급자인 건설업자의 신용과 주택의 사업성 등을 판단해서 금융회사가 결정해야 합니다. 금융회사는 공급자인 주택업자가 주택을 완성할 때까지 사업성을 철저히 검토해야겠지요. 정부의 불필요한 개입은 시장을 혼탁하게 만듭니다.

문재인 정부 3년이 지난 지금 아파트는 투기 상품이 돼버렸습니다. 이런 상황에서 집을 여러 채 보유한 사람이 대출받는 것은 투기 자금을 확보한다는 의미입니다. 국가나 금융기관이 왜 투기 자금을 융통해줄까요? 집 없는 사람이 최초로 주택을 구매할 때라면 몰라도요. 1가구당 1건을 넘는 주택담보대출은 즉시 회수해야 합니다. 그리고 다주택 보유자에게는 주택담보대출 이자율을 높여야 하고요. 만 20세 미만인 사람이 집을 산다고 할 때는 자금조달계획서를 요구하고 자금 출처 조사도 병행해야 합니다. 자기 돈으로 사는 건지, 아니면 부모 돈을 불법적으로 상속·증여받아 투기하는 건지 꼼꼼히 따져봐야지요.

다주택자와 법인의 대출 한도는 줄여야 합니다. 집값의 절반을 훨씬 넘는 액수를 대출해줄 필요가 없습니다. 저는 1주택자의 경우 누구에게나 50% 정도의 대출 한도가 적정하다고 봅니다. 그런데 참여정부에서는 대출 한도를 주택 가격의 90%까지 허용한 적이 있습니다. 문재인 정부의 경우 2018년 9월까지 다주택자가 임대사업자로 등록만 하면 집값의 80%까지 대출을 허용했습니다. 나라에서 돈을 대줄 테니 집을 사라는 정책이지요. 망가진 시스템을 고칠 의무가 있는 정부가 오히려 시스템을 고장 낸 셈입니다. 이런 관치금융을 근절하고 앞으로는 은행이 알아서 판단하고 집행하고 책임을 지도록 해야 합니다. 지금은 금융과 세제 그리고 공급과 분양까지 모든 정책이 재벌과 공기업, 건설업자와 부동산 투기꾼에게 일방적으로 유리하게 설계되어 있습니다.

**국토부를 해체하자:**
**LH공사는 보건복지부의 '주택청'으로,**
**국토 계획은 환경부의 '국토국'에서** ─────────

( 안진이 )　국토부, 기재부 같은 조직 자체를 바꿀 필요는 없을까요?

**김헌동**　저의 대안은 국토부를 없애고 LH공사를 '주택청'으로 만들어 보건복지부 산하에 두는 겁니다. 주택정책을 복지정책으로 접근해서 공공주택을 확보하게 만들어야 해요. 국토부 안에 있는 교통 관련 부서는 '교통청'으로 바꾸고, 국토 계획과 건설 행정은 환경부로 넘겨 친환경 개발과 건설로 가자는 겁니다. 과거 주택보급률이 70%대였을 때는 국토부 같은 개발 부서가 필요했지만, 주택보급률이 100%가 넘는 지금은 개발 부서가 굳이 필요하지 않습니다. 영국에는 국토부라는 부서가 없고 환경부 안에 건설국이 있어요. 한국도 국토부라는 개발 부서를 없애야 부동산 신도시 개발로 투기를 조장하는 일이 사라질 겁니다. 환경부 안에 '국토국'을 두는 것으로 충분해요.

기재부는 세제를 쉽고 간단하게 만들어서 누구나 알 수 있도록 하면 좋겠습니다. 뇌물이나 부패의 소지가 없어지도록 시스템과 행정을 투명하게 해야 하고요. 정책을 입안하는 사람이 부동산을 많이 가지고 있으면 부동산정책을 다루지 못하게 하고, 만약에 그런 정책을 다룬다면 철저한 사전 사후 감시가 이뤄져야 합니다. 누가 무슨 정책을 어떻게 만드는지 누구나 다 들여다볼 수 있어야 해요. 지금은 누가 어떤 정책을 어떻게 주무르는지 아무도 모르는 깜깜이 나라입니다. 인터넷 강국이라는데, 관료들이 무엇을 하는지 아무도 몰라요. 서울 아파트값 상승률 등 기초적인 통계를 가지고도 대통령을 속이고 언론과 국민을 속이잖아요.

## 〈참고〉 홍남기와 기재부의 '한국형 뉴딜'

정부는 왜 집값을 내릴 수 있는 힘을 가지고 있으면서도 사용하지 않을까? 나아가 왜 의도적으로 집값을 올리려고 할까? 경기를 부양하기 위해서다. 부동산 투기와 토건 사업으로 경기를 부양하는 것 말고는 다른 대안을 가지고 있지 않기 때문이다.

김동연 전 부총리에 이어 문재인 정부 2기 경제팀의 수장을 맡은 홍남기 경제부총리는 '긴급재난지원금' 논쟁에서 국민에게 돈을 푸는 것에 제동을 걸었다. 기재부 관료들도 나서서 재정건전성 운운하며 정치적 발언을 하고, 소득 하위 70%냐 100%냐를 가지고 시간을 끌었다. 그런데 그들은 금융권과 기업에는 몇십조, 몇백조 단위로 돈을 투입한다. 그런 그들이 이제는 코로나19 극복을 위해 '한국판 뉴딜'을 하겠다고 한다.

한국판 뉴딜은 디지털과 그린뉴딜에 5년간 160조 원을 투자해 일자리 190만 개를 창출하겠다는 거창한 계획이다. 그런데 내용을 들여다보면 기울어진 운동장을 바로잡는 개혁은 없고 재벌의 요구 사항들만 눈에 띈다. 코로나를 핑계로 삼성 등 대형 병원을 가진 대기업의 숙원 사업인 원격의료를 허용하고, 그린뉴딜이라는 이름으로 현대자동차에만 유리한 수소차·전기차 관련 인프라 구축을 지원한다. 홍남기 부총리는 처음에는 이번 '한국판 뉴딜'이 "과거의 토목 사업 위주의 경기 부양성 뉴딜과는 확실히 구별"된다고 말했지만, 며칠 후 한국판 뉴딜의 일환으로 '30조 원+α' 규모의 민자 사업을 추진한다고 밝혔다. 결국 재벌과 토건을 위한 뉴딜이다. 집값을 잡겠다면서 또다시 토건 사업을 벌인다. 지난 정부에서 원격의료에 반대하고 SOC 민자 사업에 반대하던 학자, 정치인, 전문가 들은 이상하게도 별 말이 없다. 문재인 정부에서 홍남기와 기재부를 견제하는 세력은 아예 보이지 않는다.

## '분양가상한제'는 국민에게 이익이다 ————

안진이 본부장님께서는 분양가상한제를 즉시, 전국적으로 실시하라고 현 정부를 향해 충고합니다. 그런데 시민들은 분양가상한제가 실시된다고 큰 변화가 있을지 반신반의하는 것 같습니다.

김헌동 분양가상한제는 민간아파트 공급 시스템을 바로잡아 주택업자가 폭리를 취하지 못하게 하는 겁니다. 아시겠지만 아파트 선분양제는 오로지 한국에만 있어요. 짓지도 않은 아파트를 미리 값을 정한 후 소비자가 돈을 대고 아파트를 사는 것, 이건 건설회사에 부여하는 전대미문의 특혜입니다. 그래서 선분양 아파트에는 분양가상한제와 분양원가 공개가 기본으로 깔려야 합니다. 정부가 소비자 보호를 위해 해야 할 최소한의 역할입니다.

분양가를 규제하고 검증하는 제도는 1977년 박정희 정권 시절에 처음 도입된 겁니다. 서울 영동지구 개발 사업을 할 때 최초 분양한 곳(지금의 반포 주공1단지)을 서울시가 평당 15만 원에 분양했습니다. 그때는 법에 근거하지 않고 정권이 그냥 시켰어요. 왜냐하면 건설회사가 아파트를 짓지도 않은 상태에서 판매, 즉 분양하고 수분양자들의 분양대금으로 공사를 진행했거든요. 그 대신 정부가 아파트 가격을 철저하게 통제해서 바가지 쓰는 일이 없도록 하겠다던 겁니다. 가격 검증과 통제의 수단 및 절차가 분양가상한제였어요.

이렇게 도입된 분양가상한제는 전두환 정권 7년, 노태우 정권 5년, 김영삼 정권 5년, 김대중 정권 2년 동안 시행된 제도입니다. 시스템이 무너진 가장 큰 계기는 2004년 노무현 전 대통령의 공기업에 대한 "10배 남는 장사" 발언이었습니다. 앞에서 지적했습니다만 노무현 대통령과 이해찬 총리 등이 분양원가 공개를 반대했지요. 그랬는데 2006년 오세훈 당시 서울시장이 '3종 세트' 주택정책을 발표해버렸습니다. 그게 9월 25일이에요. 3일 뒤 9월 28일, 노무현 대통령은 MBC 〈100분 토론〉에 출연해 참여정부도 분양원가 공개를 수용하겠다고 이야기했습니다. 떠밀려서 입장을 또 바꾼거지요. 이렇게 대통령이 입장을 변경했는데도 임기 말이니 이번엔 관료들이 모르쇠를 잡았습니다. 결국, 후분양제 도입은 불발되고 분양원가 공개와 분양가상한제만 시행하는 것으로 2007년 4월에 관련법이 개정되었습니다.

이렇게 참여정부 말에 마련해놓은 제도가 계속 유지되었는데,

2014년 말 국회 국토위 위원장이었던 박기춘 의원과 김성태 의원 등이 분양가상한제와 분양원가 공개를 폐지해버렸습니다. 그러면서 2015년부터 분양가가 다시 높아졌어요. 이때부터 다시 국민이 바가지를 쓰면서 분양받는 시장으로 바뀐 겁니다.

안진이 ▷ 박기춘, 김성태, 정성호 등의 이름을 반드시 기록으로 남겨서 시민들이 알도록 하려고 3부에 넣었습니다. 그러면 이번엔 제가 주변에서 많이 들었던 질문을 드려볼게요. 어쨌든 올해 8월부터 민간택지 분양가상한제가 시행된다고 하는데, 그러면 집값에 영향이 있을까요?

김헌동 ▶ 우리에겐 이미 경험이 있습니다. 서울시에서 분양원가 공개, 분양가상한제, 후분양제를 도입한 후에 어떤 일이 벌어졌을까요? 서울시가 아파트를 싼값으로 계속 분양하니 민간아파트의 분양가도 떨어졌습니다. 원가를 공개하고 상한제를 시행하면 기존 집값보다 싼 가격으로 아파트가 공급되는 거예요. 그러나 박원순 전 시장은 분양원가 공개, 분양가상한제 등을 시행하지 않은 채 30평 아파트를 5억 원에 분양했습니다.

문재인 정부는 2017년 분양가상한제를 도입하겠다고 했지만, 시간만 질질 끌었습니다. 2019년 11월에 겨우 분양가상한제를 다시

### 분양가상한제와 아파트값 변화

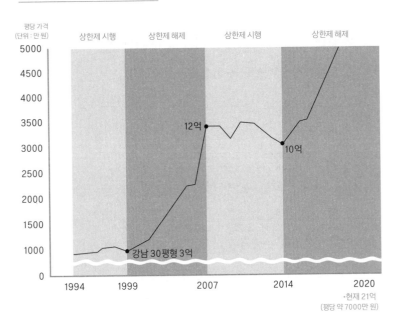

도입했으나 일부 지역에만 핀셋 방식으로 시행하겠다고 발표했어요. 분양가상한제 실시를 위해 주택법 시행령 개정안을 발표한 것이 2019년 8월이었는데, 얼마 후 시행을 6개월 미룹니다. 총선 뒤로 미뤄버린 거예요. 그러고는 코로나 때문에 또 미루고. 올해 8월부터 '핀셋 지정'한 곳만 시행되기 때문에 별 효과가 없습니다.

분양가상한제는 분양원가 공개와 같이 가야 하는데, 지금은 분양원가 공개가 되지 않은 상태이기 때문에 불완전합니다. 안 하는 것과 마찬가지지요. 분양가상한제를 안 한다는 것이 무슨 뜻인지 생각해보세요. 짓지도 않은 아파트를 고가에 팔면서 원가도 공개 안 한다? 소비자를 보호하지 않는 게 지금 '촛불 개혁 정부'의 정책입니다. 공급자가 바가지를 씌우도록 허용하고 있습니다.

## 부동산이 너무 많으면
## 이익보다 손실이 크다는 계산이 나오도록 해야 ─────

안진이  세제에 대해서는 앞에서도 말씀 많이 하셨는데, 그래도 한 번 더 정리하고 넘어가면 좋을 것 같습니다.

김헌동  보유세를 올린다는 이야기는 문재인 정부 출범 직후부터 계속했습니다. 그런데 집값은 3억 올랐고, 보유세는 100만 원 올랐어요. 불로소득이 3억 생기는데, 집을 여러 채 소유하면 소유할수록 돈이 생기는데 세금 100만 원이 겁이 납니까? 집값이 더 올라가니까 정부가 보유세를 또 올린다고 해서 지켜봤습니다. 제가 보기에 문제는 장관이 결정만 하면 가능한 공시지가 현실화를 절대로 안 한다는 겁니다. 낮은 공시지가와 공시가격을 그대로 두고, 즉 20억짜리 아파트를 15억, 100억짜리 주택을 45억, 1조 빌딩은 3500억이라고 기준을 낮게 조작해놓고 이 기준으로 세금을 부과합니다. 세율을 조정하려면 국회 동의를 받아야 합니다. 반면 공시지가 인상은 국토부 장관이 내년부터 당장 할 수 있어요.

세율 등 세법을 개정하려고 국회로 넘기면 어떻게 되느냐? 정쟁이 생기고 시끄럽기만 하고, 나중에 보면 세율은 찔끔 올라가 있어요. 집으로 투기를 하는 사람들은 그런 사정을 잘 압니다. 세제에는 구멍이 많다는 사실을 아주 잘 압니다.

더 문제가 되는 것은 집값을 잡겠다던 문재인 정부가 임대사업자에게 종부세를 한 푼도 안 내도록 해주면서 집을 사라고 떠민 거예요. 집을 100채 가져도 보유세를 한 푼도 안 내는데 그게 무슨 보유세 강화인가요? 이건 거짓말을 한 거지요.

조중동과 언론도 합세했습니다. 노무현 정부 때부터 종부세 말만 나오면, 문재인 정부가 대책을 내놓을 때마다 '세금폭탄'이라는 기사를 썼습니다. 그러다 1주일 정도 지나면 "어디가 얼마 올랐다", "어느 아파트가 3000만 원 올랐다", "부산도 올랐다" 같은 기사를 쏟아냅니다. 그러면 조급해진 사람들이 돈을 빌려서 부동산 시장으로 몰려들지요. 계속 이렇게 해온 겁니다. 세금을 몇백만 원 올리더라도 내년에 집값이 2억 원 더 뛴다고 생각하면 누가 집을 팔겠습니까? 오히려 부동산 투기에 가세하는 사람만 늘어납니다. 대통령 말 듣고 집을 안 샀더니 집값이 자꾸 올라가서 가정불화도 생기고 친구들 만나면 자산 격차도 느꼈을 테니까요.

우리나라 부동산값은 1경 3000조(토지 9500조, 건물 3500조) 규모입니다. 세율이 1%면 세금이 130조 걷혀야 합니다. 그런데 2019년 재산세 12조, 종부세 3.5조, 합쳐서 15.5조를 징수했습니다. 시세 대비 0.12%의 보유세를 징수합니다. 개인 보유 주택은 최고세율을 3%에서 6%까지 올렸으나, 종부세는 5조 원 미만입니다. 어떻게 이럴 수 있을까요?

원인은 재벌과 법인 등이 보유한 토지 등이 5000조 규모인데 시세의 35% 공시지가에 최고세율이 0.7%라는 데 있습니다. 결국, 재벌은 종부세를 거의 면제 또는 감면받고 있었던 것입니다. 이렇게 불공평한 공시지가와 세율로 인해 재벌과 부동산 부자는 세금이 부담스럽지 않습니다. 대통령과 여당, 청와대 관료 등 권력을 가진 자들이 재벌과 부동산 부자가 세금 특혜를 누린다는 사실을 알면서도 모른 척하는 비겁한 나라의 현실을 정확히 봐야 합니다.

다주택자가 집을 팔게 하려면 아주 강력한 정부 정책이 나와야 합니다. 예를 들어 2주택 이상의 주택을 보유한 경우 1주택을 제외한 담보 대출금 전액을 1년 이내 회수하는 등 누가 보더라도 아주 강력해서 이제 아파트값이 2억, 3억 떨어지겠다고 예상할 수 있는 정책이어야 합니다. 이제 빨리 집을 팔아야겠다는 분위기가 조성되어야 해요. 매물이 100만 호, 300만 호 나와도 사겠다는 사람이 없어야 합

### 정권별 아파트 땅값 시세 변화

(매해 1월 기준, 단위: 만 원/평당)

| | 노무현 정부 | 이명박 정부 | 박근혜 정부 | 문재인 정부 |
|---|---|---|---|---|
| 상승액 | 1471 | −296 | 667 | 2289 |
| 시세 반영률 | 38% | 44% | 43% | 35% |

니다. 지금 이 정부의 관료 중에는 그런 대책을 내놓을 사람이 없습니다. 국회의원 300명도 마찬가지예요. 여당도 그런 대책을 내놓지 않고, 야당 역시 문재인 정부의 부동산정책을 비판하는데 조중동 방식으로 '규제 완화하라, 공급을 더 많이 늘려라!' 등의 재벌을 위한 대안만 제시해요. 재벌과 건설업자 투기꾼을 더 이롭게 만들자고 언론, 정치권, 청와대, 장차관이 이구동성으로 외칩니다. 그럼 누가 집값을 잡습니까?

거듭 말하지만, 본질은 대통령과 장관, 공기업이 가진 권한과 힘을 엉뚱하게, 투기꾼과 재벌, 공기업과 건설업자 등을 위해 쓴다는 겁니다. 서민 주거 안정을 위해 값싸고 질 높은 주택을 단기간에 대량으로 공급하라고 만든 공기업이 정반대의 일을 합니다. 설립 목적과 반대로 가는 거지요. 대통령, 서울시장 등 자치단체장, 관료, 정치권이 눈을 감고 있습니다. 공기업이 제 역할을 포기하니까, 개인 세금만 더 올리자는 관료들이 나옵니다. 재벌과 법인은 빠질 수밖에요.

제가 보기에는 개인들도 강화된 종부세 때문에 당장 집을 내놓을 것 같지는 않아요. 양도세 수십 퍼센트 부과되는 것도 무서워하지 않는 사람들이 종부세 몇 퍼센트를 두려워할까요? 수년간 집값이 계속 올랐고, 앞으로도 더 오른다고 생각하기 때문에 다주택 보유자든 한 채를 가진 사람이든 안 팔고 버티는 습성이 생겼습니다. 아파트에 국한된 종부세만으로는 부동산 투기를 억제하기 어려워요.

정부가 임대용이라고 주택을 사재기했던 사람들에 대한 세제 특혜를 없애고, 대출을 회수하고 임대소득 과세를 강화해야 합니다. 아울러 주택이나 토지를 과다하게 보유하면 보유세와 임대소득세, 이자 부담 때문에 이익보다 손실이 크다는 계산이 나오도록 하는 정책이 필요합니다. 땅과 집 등 부동산이 너도나도 가지지 않으려고 다투고 미루는 애물단지가 되어야 합니다. 사람들이 불필요한 토지와 주택을 소유하지 않게 되면 집값은 자연스럽게 안정됩니다.

## 정책은 사람의 가슴과 머리에서 나온다 ─────

안진이    지금까지 말씀 잘 들었습니다. 주거 문제를 집중적으로 공부할 수 있어서 무척 유익한 시간이었습니다. 책을 읽는 시민들도 그러하기를 바랍니다. 마지막으로 하시고 싶은 말씀이 있다면요?

김헌동    대통령과 서울시장 등 선출된 정치인은 공인입니다. 정의로운 공인이라면 언제든지 새 아파트를 2억, 3억에 공급을 할 수 있다는 이야기를 드리는 겁니다. 세율 몇 퍼센트 인상이나 자잘한 규제 같은 것들은 곁가지에 불과해요. 5년 임기 문재인 대통령은 재벌과 친한 관료만 경제부총리에 임명했고, 관료가 재벌과 야합해 경제성장률을 높이려고 토건과 주택정책을 경기 부양의 수단으로 사용해왔습니다. 자신들의 자산 증식과 불로소득을 챙기는 데 정책의 중심을 두었습니다.

주택정책을 투기의 수단으로 경기 부양의 도구로 활용하면서, 개인들에게 세금 더 걷는다고 협박하는 정책만 추진하면 누구에게 무슨 도움이 됩니까? 이것은 집 한 채 가진 사람에게도 별 도움이 안 되고 집 없는 사람에게는 고통만 안겨줍니다. 세금을 걷어서 집 없는 사람 집값(임대료)을 다 대준다거나 하면 몰라도요. 주택 공급도 지금처럼 공기업 또는 재벌과 토건 업자가 폭리를 취하도록 방치하거나, 아파트값 폭등을 유발하여 서민을 자극해 분양에 뛰어들게 하는 것은 부패를 조장하는 짓입니다. 그사이 투기꾼들은 정보력과 자금 동원력을 바탕으로 더 많은 아파트를 사재기해 불로소득을 챙기는 게 우리 현주소입니다.

대통령이 정신을 차리고, 여당 대표나 원내대표가 정신을 차리고, 제대로 된 장관만 임명하면 금방 잡을 수 있습니다. 야당도 권력을 얻고 싶으면 정신 좀 차리기 바랍니다. 서울시장과 경기도지사와 광역 자치단체장이 정신을 차리고 서울시와 경기도 산하의 공기업을 제대로 경영하면 집값 잡을 수 있습니다.

이명박 전 대통령도 2년 동안 관료들이 말을 안 들으니까 과거 현대건설에서 자기와 함께 일했던 사람을 LH공사 초대 사장으로 임명해서 강남에 평당 900만 원 아파트를 공급했습니다. 그런데 문재인 대통령은 그런 정책을 아예 안 폅니다. 대통령이 서민을 위한 일은 하지 않고, 공기업은 국민을 상대로 장사하면서 재벌 뒤치다꺼리나 하면 집값은 무조건 오르게 돼 있습니다.

지금 집값이 오르는 것은 대통령, 대통령 참모, 여당, 대통령이 임명한 장관이 극도로 무능하고, 서울시장 등 광역 단체장이 무능해서입니다. 관료와 재벌의 입김에 대통령과 청와대가 의도적으로 집값과 부동산값을 끌어올리려고 해서 지금의 상황이 벌어진 겁니다.

정상적인 국가란 무엇입니까? 청년이 결혼하고 미래를 설계할 수 있도록 만들어야 합니다. 소득에 따라 자녀가 생기면 옮겨갈 수 있도록 해주면 더 좋고요. 미래의 삶이 예측 가능해야 아이를 둘도 낳고 셋도 낳지요. 국민의 80% 이상이 그런 꿈을 어렵지 않게 실현해가는 나라를 만들어야 합니다.

지금은 그런 나라를 만들 수 있는 정당이 없고 정치 세력이 없습니다. 당장 대통령이 임명한 장관 절반이 다주택자입니다. 인사를 검증했던 전 민정수석이 신고액 50억, 실제로는 100억의 자산을 보유했다지요. 청와대 참모 37%가 다주택자입니다. 여야 국회의원, 자치단체장, 구청장, 시의원 그리고 1급 이상 공직자들의 신고 재산이 국민 평균의 5배 이상입니다. 자산의 70%가 부동산인 사람, 주택을 100채 넘게 가진 사람도 있습니다. 이런 공직자와 정치인을 그대로 두고서는 무주택 서민과 청년을 위한 정책을 기대할 수 없습니다. 결국은 정치 개혁이 필요하다는 생각을 요즘 많이 합니다.

### 〈시민 발언대〉 주택가격을 통제하라

2020년 초, 코로나19 초기 국면에서 마스크 수요가 폭증해 갖가지 문제가 발생했다. 그러자 문재인 정부는 한동안 갈팡질팡하다가 3월 9일부터 '공적마스크' 제도를 시행했다. 공적마스크 제도는 마스크 구매 수량 제한, 가격 고정 그리고 구매 5부제 실시로 요약된다. 1주일에 1인이 마스크를 구매할 수 있는 수량을 제한하고, 개당 1,500원으로 가격을 고정하고, 요일별 구매 5부제를 실시한 것이다. 문재인 정부는 마스크 매점매석 또는 불공정 거래 행위를 강하게 단속하겠다고 발표하고 실제 단속에 나서기도 했다.

지난 7월 정부는 마스크 수급이 안정되었다며 공적마스크 제도를 폐지했지만, 추후에 마스크 대란과 같은 비상 상황이 다시 발생할 경우 구매 수량 제한 등의 공적 개입 조치를 신속하게 단행하겠다고 밝혔다. 시민들의 방역 활동에 꼭 필요한 마스크의 수급이 안정된 것은 다행한 일이다. 하지만 집값 폭등으로 어찌보면 질병보다 더 큰 고통에 짓눌리던 시민들은 정부의 마스크 가격 통제를 바라보며 '집값은 왜 통제하지 않는가?'라는 의문을 제기했다. 네이버 '집값정상화시민행동' 카페 시민들의 글과 댓글 가운데 관련 내용을 모아 소개해본다.

"주택을 매점매석하는 투기꾼들에게 벌을 못 내릴망정 세금 혜택을 주는 기막힌 현실이네요.

이게 대통령이 말하는 정의로운 나라인가요? 말이라도 안 했으면…"

– 닉네임 'naya0073'

"코로나가 대유행하고 있을 때 마스크를 시장경제에 맡겨두니 매점매석으로 가격이 10배 이상 폭등했잖아요~ 코로나라는 질병 앞에서는 마스크가 필수재이므로 정부가 개입을 해서 안정화시켰고 그게 당연하다고 생각합니다.

사람이 살아가는 데 필수재인 집도 매점매석하는 인간들 때문에 경제와 상관없이 폭등하는 집값은 당연히 정부가 개입해서 막는 게 맞다고 생각합니다.

김헌동의 부동산 대폭로, 누가 집값을 끌어올렸나

집값 좀 정상화시켜주세요."

– 닉네임 '사이다남매맘'

"마스크가 거주용 주택보다 더 대단한 나라."

– 닉네임 '메디치'

"주택가격 폭등은 무엇보다도 전형적인 부동산 투기꾼인 다주택자들에게 가장 큰 원인이 있다고 여겨집니다. 그런데 왜 다주택 소유 자체를 금지하는 방안은 아무도 논의하지 않는 걸까요? 세금 올리는 것으로는 해결될 수 없다는 예상들은 많이 나오고 있는데도 말이지요….

제 개인 의견으로는 적어도 의식주와 의료 서비스만큼은 국가에서 통제해야 한다고 믿습니다. 국민의 기본권, 행복추구권과 직결되는 가장 중요한 요소이니까요.

보통 식재료나 식품, 의약품 등을 매점매석하는 것은 당연히 금지하고 이를 어기면 중벌에 처하지요. 그런데 주택을 매점매석하는 다주택자, 부동산 투기는 왜 금지하지 않는 것인지 정말 궁금합니다."

– 닉네임 'eisenmeer'

"국민의 불안은 기름 부은 분노가 되어 정부를 질타했고, 급기야 정부는 마스크를 공적 생산품으로 규정한 후 제한공급, 통제유통을 단행했습니다. … 본질을 뜯어 보면, 주택도 마스크와 다를 바 없는 의식주에 해당하는 필수품이며 모든 국민이 같이 누려야 할 경제적인 공적 생산물입니다. 물량이 충분해질 때까지, 아파트만이라도 1가구 1주택이 반드시 필요합니다."

– 닉네임 'ajjeju'

# 권력자들에게 속지 않으려면

나는 조용히 살다가 시민단체 〈더불어삶〉의 회원이 되고 나중에는 대표가 된 사람이다. 단체를 운영하면서도 실속이 먼저라고 생각해서 조용히 활동해온 편이었다. 그러나 스스로 촛불 정부라고 했던 현 정부가 촛불 정신과 반대되는 행보를 계속하는데 가만히 보고만 있을 수 없었다. 세상을 향해 조금 더 적극적으로 발언해야겠다는 생각이 들었고, 그 첫걸음으로 이 책을 만드는 일에 뛰어들었다.

〈더불어삶〉의 주된 관심사는 노동·주거·재벌 문제다. 〈더불어삶〉 회원들은 월 1회 주말에 모여 노동자들의 농성장을 찾아가거나, 민생·경제 분야의 전문가를 모시고 강연회를 개최하거나, 좋은 책을 선정해서 함께 읽는다.

김헌동 본부장님의 책을 읽은 때는 2016년 봄이었다. 우리는 《대한민국은 부동산공화국이다?》(김헌동·선대인 지음)라는 책을 두 달

동안 함께 읽었다. 부동산 문제를 알지 못하면 한국 사회의 온갖 모순을 제대로 이해할 수 없다고 생각했기 때문이다. 책을 읽어보니 그동안 알지 못했거나 희미하게만 알았던 내용이 많았다. 한국 사회의 각종 제도와 관행이 건설업자, 건설업자와 친한 정치인 그리고 부동산 투기를 하는 사람들에게 유리하게 짜여 있음을 확인했다.

그해 겨울, 시민들이 촛불을 들고 거리로 나왔다. 그동안 쌓이고 쌓였던 문제들을 해결하고 나라다운 나라를 만들어보자고 외쳤다. 그런데 정치권에서는 '질서 있는 퇴진'을 말하기 시작하더니 모든 것을 헌법재판소의 결정에 맡겼다. 결과적으로 정권은 교체됐지만 우리의 삶은 달라지지 않았다. 아니, 시간이 갈수록 기존의 불공정한 구조가 더 단단해지고 격차는 더 벌어졌다. 부동산값의 비정상적 폭등은 멈출 줄을 몰랐다. 참여정부 때의 실패가 반복되고 있었다. 투기 세력에게 유리한 나라라는 말로는 모자랐다. 온 나라가 투기 도박판이 되고 있었다. 그래서 우리는 참여정부 시절부터 현재까지 부동산정책의 문제점을 가장 정확히 진단하고 해설해줄 전문가를 찾아봤고, 그 전문가가 김헌동 본부장님이었다. 2019년 5월에 〈더불어 삶〉 주최로 김 본부장님의 공개 강연을 진행했다.

그날의 강연은 최고였다. 모든 주장이 명확했고 하나하나가 통계로 뒷받침되고 있었다. 김 본부장님은 2시간 가까이 열정적인 강연을 하고 나서도 청중의 질문에 답하고 이런저런 이야기를 주고받으며 밤늦게까지 자리를 지켰다. 나는 김 본부장님이 권력자들의 비리와 횡포를 정말 미워하지만 힘없는 보통 사람들에게는 시간과 노력을 아낌없이 내주는 분이라는 인상을 받았다. 그래서 그날의 강연을 계기로 몇 번의 만남을 가졌고, 나중에는 함께 책을 만들어 더 많은 사람에게 알리고 싶다는 생각을 하게 됐다. 그러니까 <더불어삶>과 김헌동 본부장님의 인연은 책으로 시작되어 강연회를 거쳐 다시 책 출간으로 이어졌다고 말할 수 있겠다.

20년 동안 부동산·건설 개혁을 위해 시민운동을 한 김 본부장님은 풍부한 경험과 지식은 물론이고 주거 문제를 해결할 뚜렷한 대안을 가지고 있다. 이 책의 출간을 계기로 김 본부장님의 주장이 현명한 시민들에게 속속들이 알려지고 활발한 토론이 이뤄지길 바란다.

주거 문제는 매우 방대하고 복잡하다. 게다가 한국 사회에서는 주택과 토지가 투기의 대상이 되어버렸기 때문에 각자의 이해관계가 얽혀 있고 저마다 생각이 다르다. 과장되어 알려진 것, 잘못 알려진 것도 많다. 나 역시 나름대로 문제를 이해하고 있다고 생각했지만, 김 본부장님과 질의응답을 진행하는 과정에서 나 자신이 얼마나 무지했는가를 깨달았다.

그래서 원고를 넘기고도 아쉬움이 남는다. 당연히 부족함이 있을 것이다. 지면의 제약 때문에 빠진 이야기도 많다. 정책 실패에 책임이 있는 인물이지만 정보가 부족해서 또는 이야기의 흐름상 빠진 사람들도 있다. 아파트에 중점을 두고 이야기하다 보니 옥탑방이나 반지하, 고시원에 거주하는 사람들의 이야기를 따로 넣지 못한 점도 마음에 걸린다. 그리고 20대와 30대 젊은이들에게는 미안한 마음밖에 없다.

근로소득은 제자리를 맴돌거나 감소하는데 불로소득만 폭증하는 불로소득주도성장, 박근혜 정부의 뒤를 이어 저금리 정책을 고집해 가계부채만 잔뜩 늘려놓은 부채주도성장, 집과 건물과 땅을 사고팔면서 성장률을 간신히 떠받치는 콘크리트주도성장. 한국이 젊은세대에게 보여주는 것들이다. 여기에서 우리의 희망찬 미래를 찾을수는 없다. 그만큼 했는데도 국민의 삶이 나아지지 않았으면, 이제는다른 시도를 해봐야 하는 것이 아닐까?

김 본부장님이 제시하는 대안은 재벌과 관료가 싫어하는 것들이다. 그래서 무늬만 개혁 세력이 아닌 정말로 확고한 개혁 의지를 가진세력이 권력을 잡아야 실행 가능하다. 현재의 구조에서 집값을 하락시키는 정책이 시행되기가 쉽지 않은 이유를 확인하고 나서 독자 여러분의 마음이 더 무거워질지도 모른다. 그래도 권력자들에게 속지않으려면 진실을 알아야 한다. 기존의 정치 세력에 기대하기보다 시민들이 직접 나서서 공부하고 토론하고 강력하게 요구해야 상황이나아지고 발전이 있으리라 생각한다.

집필 과정에서 보니 김 본부장님은 거의 온종일 부동산 개혁에 관한 생각을 하고 끊임없이 다음 행보를 고민하시는 분이었다. 중요한 사실을 국민에게 알리기 위해 백방으로 애쓰시는 김 본부장님과 경실련의 여러 관계자들께 감사드린다. 그리고 사심 없이 더불어 사는 삶을 고민하고 행동하는 〈더불어삶〉 회원들에게 감사드린다. 책을 읽고 같은 뜻으로 함께하고 싶은 독자들이 생긴다면 기쁘겠다. 그들이 〈더불어삶〉의 회원이 된다면 더욱 기쁘겠다. 마지막으로 딸(며느리)이 바쁜 척을 해도 너그럽게 받아주시는 부모님과 시부모님, 집필 기간 동안 아무거나 잘 먹으면서 즐겁게 지내준 남편과 아이에게 사랑을 전하고 싶다.

2020년 11월

안진이

# 참고

## 표 · 그림 목록

인터뷰 인용 출처

54쪽   신상호, "지금도 강남에 평당 천만 원 아파트 가능. 후분양제, 원
        가공개, 관료개혁 필요하다: [8.2대책 톺아보기⑥] '부동산 혁
        명' 말하는 김헌동 전 경실련 본부장 인터뷰", 《오마이뉴스》,
        2017. 9. 6.

90쪽   김경래, "경실련 '청와대 고위급 참모 아파트 10억씩 올랐어'",
        KBS 〈김경래의 최강시사〉, 2020. 7. 1.

100, 115쪽   이주연, "부동산, 이명박은 속지 않았다: [20-20/부동산②] 김
        헌동 경실련 부동산건설개혁본부장 '부동산 부자한테 왜 권력까
        지 주나'", 《오마이뉴스》, 2020. 6. 29.

112쪽   신율, "김헌동 '부동산 시장은 IMF 직전과 똑같은 상황'", CBS
        〈시사자키 오늘과 내일〉, 2007. 9. 11.

144쪽   김경락, "개발론자에게서 제대로 된 부동산 정책 나오겠나?: [인
        터뷰] 김헌동 경실련 아파트값거품빼기운동본부장", 《프레시
        안》, 2006. 11. 9.

172쪽   김병철, "가장 좋은 전세대란 대책은 집값폭락: [인터뷰 김헌
        동 경실련 아파트값거품빼기운동본부장] '한국의 집값 지금도
        60%가 거품이다'", 《미디어오늘》, 2013. 12. 4.

단체 소개

## 경제정의실천시민연합

1989년 첫발을 내딛은 시민들의 단체입니다. 시민의 뜻과 힘과 지혜를 합하여 일한 만큼 대접받고 약자가 보호받는 경제정의와 사회정의의 실현을 위해 기여합니다. 특정 당파나 이념에 얽매이지 않으며, 시민의 공익을 우선으로 생각하며, 실사구시 정신에 입각한 합리적이고 실천 가능한 대안을 제시합니다. 균형과 조화, 경제성장과 사회적 형평성 어느 한 부분에 치우치지 않으며, 우리 사회 전체의 편익 증진을 추구합니다.

홈페이지 http://ccej.or.kr/

가입문의 news@ccej.or.kr

## 더불어삶

2012년 '해고노동자를 응원하는 사람들'이라는 이름으로 출발했습니다. 회원 대상으로 월 1회 정기 모임을 개최합니다. 노동, 부동산, 재벌 개혁 등의 주제와 직접 관련된 당사자 또는 전문가를 초빙하여 생생한 이야기를 듣는 자리를 마련합니다. 연대가 필요한 곳을 찾아가기도 하고, 회원들의 후원회비로 민생 현장을 지원하기도 합니다. 최근에는 집값 폭등으로 국민의 주거권이 위협당하는 상황이라고 판단해 정부의 부동산정책을 강하게 비판하고 있습니다.

홈페이지 https://www.livewithall.org/

가입문의 welivewith@gmail.com

후원 　　우리은행 1006-701-498815(더불어삶)

자료 출처

이 책에 쓰인 도표 및 자료는 별도 기재한 경우를 제외하면 경제정의실천시민연합 부동산건설개혁운동본부가 직접 조사하고 정리해온 내용에 근거합니다. 구체적인 사항은 웹페이지(http://ccej.or.kr/press-release/property)에서 확인하실 수 있습니다.